Couvertures supérieure et inférieure manquantes

PROPOS GRIVOIS

ÉMILE COLIN — IMPRIMERIE DE LAGNY

ARMAND SILVESTRE

PROPOS GRIVOIS

PARIS
A LA LIBRAIRIE ILLUSTRÉE
7, RUE DU CROISSANT, 7

Tous droits réservés.

ÉMILE COLIN — IMPRIMERIE DE LAGNY

ARMAND SILVESTRE

PROPOS GRIVOIS

PARIS
A LA LIBRAIRIE ILLUSTRÉE
7, RUE DU CROISSANT, 7

Tous droits réservés.

LA BÉCASSE

LA BÉCASSE

I

— Et vous la chassez?
— Avec une méthode infinie, mon cher Landrimol. Je me lève à cinq heures du matin, ça fait enrager ma femme, mais je m'en fiche! Je fais avaler à mon chien Rustaud une pâtée apéritive. Ça le met extraordinairement entrain. Puis nous nous aventurons tous les deux alentour des marais où ces savoureuses bêtes abondent. Rustaud se plonge dans l'eau à plein poitrail. Ah! ce n'est pas

une chose aisée ! Mon fusil me pèse souvent lourdement à l'épaule avant que j'entrevoie ce tant précieux et délicat gibier ! Mes guêtres me suent aux mollets, la bise me fouette au visage ; je marronne ; je sacre. Je jure comme un païen. Ainsi ai-je passé des journées tout entières pour tuer un ou deux de ces méchantes volatiles qui n'ont vraiment aucune vocation pour la casserole, bien que j'y jette, pour adoucir les affres de leur cuisson, les plus appétissants condiments du monde, du poivre en grain, des échalotes fraîches, des morilles quand c'est la saison, enfin tout ce qui peut consoler un comestible par l'attrait de la bonne compagnie.

Ah ! les bougresses ! ce qu'elles m'ont valu de rhumes de cerveau ! Rustaud, lui aussi, mon fidèle Rustaud, a gagné des rhumatismes à leur recherche. Il a la queue ankylosée et ce lui est un grand chagrin de ne pouvoir plus me témoigner son affection par de jolis petits tressautements de cet appendice caudal où gît le plus clair de la physionomie du chien. Ah ! si les hommes pouvaient !... Mais non ! Cette pantomime leur est interdite par la nature. Ici Rustaud ! Vous voyez comme se traîne la pauvre bête, en zig-zags sur ses pattes atrophiées, avec des mouvements de tire-bouchon dans les reins ! Tout ça pour m'avoir trop accompagné dans mes chasses à la bécasse, parmi les eaux stagnantes bordées de roseaux qu'affectionnent ces animaux tout à fait inintelligents en matière de confortable.

— Vous êtes bien bon de vous donner tant de peine ! fit le conseiller Landrimol, de la cour de Marseille.

— Vous n'aimez donc pas la bécasse?
— Si! mais je la prends bien plus simplement.

II

— Mon procédé, continua le magistrat, est le plus simple du monde. J'en ai trouvé, à vrai dire, le secret dans les aventures du baron de Crac, de joyeuse mémoire. Tout le monde croit que c'est une mauvaise plaisanterie. Eh bien! dans les Bouches-du-Rhône, nous ne faisons plus autrement. Nous sommes des malins, dans les Bouches-du-Rhône! Si l'infortuné Gailhard était né à la Canebière, au lieu de se contenter bêtement de voir le jour sur les bords de la Garonne, il ne serait pas simplement, avec le toupet naturel dont le ciel l'a doué, directeur de l'Opéra et associé d'un marchand de beurre à la criée, ce qui est un peu humiliant pour un hidalgo portant le nom de Pietro, mais il serait au moins président de la République, et c'est lui qui protégerait le doux Constans, archange du Tonkin.

Enfin, chez nous, la chasse à la bécasse est une simple plaisanterie. Nous achetons une écumoire chez le premier ferblantier venu, et nous l'allongeons entre les hautes herbes qui dominent les marécages. Au-dessous, un appât friand est attaché. Bing! bing! la bécasse arrive, et, stupidement, cherche à piquer de son long bec la tant appétissante pâture. Son bec s'engage dans un des trous de l'écumoire et un bon marteau le rive dans l'orifice qu'il remplit. Il ne reste qu'à cueillir l'animal par le dos, sans lui rebrousser les plumes, à le dépouiller de celles-ci, à le barder de lard fin, sans l'en prévenir, et à le jeter dans une casserole de terre où il mijote avec un murmure doux, sur un feu doux également, jusqu'à parfaite cuisson. Après quoi, les vrais gourmets la saupoudrent de genièvre, comme on fait pour les simples grives, qu'on préfère aux merles chez nous. Voilà, mon garçon, la vraie façon de chasser la bécasse.

III

— J'en sais un autre, dit le docteur Pérassi, de la Faculté de Milan. Mais il repose sur une donnée philosophique dont il importe, tout d'abord, que je vous entretienne.

Les vrais gourmets dont vous parliez tout à l'heure se distinguent des simples mangeurs par une absence totale de préjugés. Pour eux, le meilleur de l'animal est dans la partie qu'on a coutume de supprimer avant de manger les autres volailles. Vous sentez d'ici? Une bécasse vidée ne vaut absolument rien. C'est un fait acquis à la science culinaire dont je me flatte d'être un des plus vaillants promoteurs.

Et, ce disant, le docteur Pérassi caressait doucement son ventre comme on fait d'un cheval qui vous a rendu courageusement service. Et il ajouta :

— Un fait curieux, extraordinaire et scientifique

au premier chef, c'est la réciprocité de goût entre la bécasse et l'homme. Tous les naturalistes consciencieux ont, en effet, constaté depuis longtemps que ce gibier est vivement attiré par les parfums sublunaires que distille l'homme et qui ont fait surnommer par les astronomes : Rose des vents, l'endroit charnel qu'il a coutume de poser sur les sièges. Il m'est pénible de parler de ces assises dont les gens bien élevés n'aiment guère à s'entretenir. Mais le fait est patent, indéniable. La bécasse est attirée par les arômes naturels dont la culotte est l'ordinaire encensoir et la cassolette providentielle. Odeurs décriées des sots seulement, qui n'y voient pas le soulagement harmonieux et embaumé du plus grand nombre de nos misères.

— Au fait, Pérassi! L'heure de l'absinthe approche et nous ne saurions nous rendre à son appel sans vous avoir entendu jusqu'au bout.

— Or donc, fit Pérassi, voilà comment opèrent les malins chasseurs de chez nous. Ils déposent l'inexpressible qui, depuis la feuille de vigne dont se contentait Adam, a pris des développements absolument ridicules. Dans la tenaille naturelle et bien charnue que ce dépouillement met à nu, ils insinuent quelque beau grain de chénevis ou quelque sorbe bien appétissante, quelque chose enfin dont les bécasses soient absolument friandes. Or, après la femme, cette bête est la plus gourmande que je connaisse. Vous avez deviné le dernier ressort du piège? L'écumoire, bon Dieu! mais une écumoire intelligente et sachant se fermer à temps. La bécasse, sans méfiance, s'en vient picorer dans cet étroit mausolée, taquiner du bec le grain de mil enterré à demi dans cet odorant cercueil. Un simple serrement des lèvres et l'animal est pris. En vain, il se débat. La fleur où il avait plongé, comme un bourdon maladroit, s'est subitement refermée. Il ne reste plus au chasseur qu'à faire le tour de ses propres reins et à cueillir l'oiseau prisonnier qu'attend un bon sautillement de lard frais et de persil rissolé dans la poêle. Tout au plus, lui laisse-t-on le temps de demander un rince-bouche. On a remarqué, d'ailleurs, que les bécasses ainsi capturées avaient un fumet très particulier et tout à fait apéritif aux voluptés humaines qui ont besoin d'un excitant quelquefois.

Et le docteur Pérassi alluma une cigarette, convaincu d'avoir généreusement défendu la vieille gloire de son pays italien, lequel vient de conquérir si magnifiquement l'Abyssinie, en faisant crever de rire le Négus, un gentilhomme noir qui n'a pas cependant, en général, l'esprit bien gai!

IV

L'excellent capitaine Munsterchopp prit, à son tour, la parole.

— Il y a, dit-il, longtemps que nous connaissions, en Alsace, le procédé du docteur Pérassi pour capturer les bécasses vivantes en leur pinçant le bout du bec entre les lèvres que la divine Providence nous a mises ailleurs que dans le visage. Mais ne vous en déplaise, ô Landrimol, Marseillais plein d'astuce, ô Pérassi, petit-fils de Machiavel, nous sommes encore bougrement plus malins que vous, car, à cette curieuse chasse, nous envoyons nos femmes et elles prennent deux bécasses à tout coup!

COMMENTAIRE

COMMENTAIRE

I

J'avais vu de bien vilains nez dans ma vie, mais jamais un seul aussi vilain que celui-là. Ce n'était pas, au moins, qu'il fût camus comme un gros sou ou bourgeonnant comme une fraise. Au contraire était-il plus long qu'un jour sans pain et lisse comme une glace. Son effilement était presque en tire-bouchon, comme un clou que l'étau a mordu. Il s'en allait de guingois, se resserrant un instant, pour s'épanouir ensuite ridiculement vers le bout. Ah ! c'était un nez vraiment bien extraordinairement laid ! Aussi celui qui le portait avait-il l'air profondément mélancolique. Notez que sans cet appendice grotesque, c'eût été un fort joli garçon. Ma curiosité satisfaite à son endroit, je me détournai moi-même de sa vue pour porter les yeux vers un autre coin du compartiment. Car j'ai omis de vous dire que ceci se passait dans le train entre Paris et Toulouse.

Cet autre coin était occupé par un gros monsieur qui lisait *Gil Blas*, ce qui me donna tout de suite bonne opinion de lui.

Décidément ce compagnon de route était un homme tout à fait distingué. C'est un article de moi qu'il lisait, mon article ayant pour titre : *La Bécasse*. Il allait, sans doute, en dire tout haut son opinion et j'allais goûter l'orgueil discret d'être loué anonymement, volupté que les timides préfèrent à toutes les autres. Je me pourléchais les lèvres avec appétit et j'ouvrais si grandes les oreilles qu'un volant eût pu me traverser la tête sans en toucher les bords.

Tout à coup le lecteur s'arrêta, froissa nerveusement le journal, et dit à son voisin qui le regardait faire :

— Quelle sale bête que ce Silvestre !

II

Ce sont choses que je n'aime pas à me laisser dire en face. Mais que faire? Dire :

— Pardon, monsieur, mais c'est moi, cette sale bête !

C'est un peu dur. Et puis ceci peut passer pour une opinion littéraire et nous autres, écrivains publics, nous n'avons pas le droit de regimber même contre la critique du passant. Je m'étais trompé, voilà tout. J'avais pris un serin pour un homme de génie. Cela n'arrive pas en politique seulement. Mon mépris pour ce sot s'accrut encore quand il ajouta :

— Toutes ses histoires de gros derrières et de musiques intestinales ne sont pour amuser que de grossières gens. Je vous demande un peu ce que cela a de comique. M. Pailleron a-t-il jamais recours à de pareils moyens pour faire rire ! Aussi M. Pailleron est-il de l'Académie et votre conteur n'en sera-t-il jamais ?

J'aurais pu certainement lui répondre que j'avais une assez bonne compagnie, à défaut de l'autre, dans les personnes des prosateurs anciens Rabelais et Montaigne et des poètes contemporains Théophile Gautier et Théodore de Banville. Les plus parfaits peut-être du siècle. Et encore aurais-je pu lui citer l'exemple de mon quasi-aïeul le conseiller Gueullette qui réjouissait les cours de France et de Pologne avec des parades pleines de seringues et de vilains mots. Mais je n'aime pas à être mon propre avocat, bien que je ne me chicane pas sur les honoraires.

— Moi, dit le voisin de cet imbécile, ce n'est pas sa gauloiserie que je lui reproche, mais son ignorance.

(Avouez que j'étais en plein panégyrique !)

— Ainsi, continua-t-il, il a cité trois façons de

de chasse de bécasse et a omis la plus amusante, celle que nous pratiquons en Normandie.

— Voulez-vous réparer son erreur ?

— Très volontiers.

Cette fois-ci j'ouvris plus grandes les oreilles pour ne rien perdre de cette occasion de m'instruire. Car je suis, avant tout, ce qu'on appelle, dans l'Ecriture, un homme de bonne volonté.

III

— C'est aussi simple, poursuivit celui qui avait parlé sans qu'on l'interrogeât, et aussi convenable que le procédé marseillais est odieux et répugnant. La bécasse est gibier d'automne et adore les sorbes qui pendent, rouges, aux arbres, les derniers ayant des fruits parmi les verdures déjà dépouillées. Nos chasseurs se mettent en campagne et chacun choisit quelque endroit favorable à son entreprise, mystérieux et rassurant pour les oiseaux de passage. Dans l'or d'un bon lit de feuilles mortes, il s'enfonce de façon à se couvrir absolument de cette dépouille des branchages. Il ne laisse un trou que pour se garder un peu d'air à respirer, et il demeure là couché, la bouche entr'ouverte avec une belle sorbe entre les dents. Vous avez deviné, n'est-ce pas, le reste ? La bécasse vient piquer du bec dans ce piège vivant qui se referme par un simple mouvement des mâchoires et vous n'avez plus qu'à saisir, par ses ailes palpitantes, l'oiseau prisonnier...

L'homme au nez extravagant se leva comme si un ressort l'eût poussé.

— Jour de Dieu ! monsieur, fit-il d'une voix pleine de colère, est-ce pour moi que vous racontez cela !

Et il était livide absolument, chancelant de fureur et se soutenant à peine.

Tout le monde se précipita vers lui.

— Na ! na ! calmez-vous ! on n'a rien pu dire qui vous voulût offenser !

Le narrateur donna sa parole d'honneur que son récit ne contenait ni allusion ni personnalité.

Le malheureux se calma, — et, d'une grande irritation dans la voix, il passa soudain au ton de l'abandon et de la confiance.

— C'est, fit-il tristement, que cette histoire parfaitement vraie me rappelle la plus sinistre aventure de ma vie.

Et comme un homme qui doit éprouver un grand soulagement à conter ses peines, il poursuivit sur un ton dolent, sans qu'aucun de nous l'y eût invité :

IV

— Je suis Normand aussi, mes gentilshommes, et de plus, j'ai été le plus joli Normand de ma région où les faiseurs de procès sont, en général, très bien de leur personne. Les femmes m'aimaient donc et je le leur rendais de mon mieux. Je leur donnais volontiers mon âme et je leur prenais autre chose.

Le libre échange n'est pas seulement la vie du commerce, mais aussi de l'amour. Mais je n'avais jamais eu, depuis mes débuts dans le négoce, une maîtresse qui m'eût offert rien d'aussi agréable que madame Fessederoi (ainsi la nommerai-je d'un faux nom pour ne la point compromettre). Son mari, Fessederoi en personne, était un de ces grands chasseurs de bécasses dont vous parliez tout à l'heure, monsieur, et avait coutume de les prendre par le procédé que vous avez si bien indiqué.

On était à la mi-octobre, messieurs, et les feuilles tombées jonchaient le sol d'un beau manteau flottant d'or fauve qui semblait se fondre en étincelles tourbillonnantes, quand un souffle de vent le soulevait au soleil. Jamais la Nature n'est aussi belle qu'en cette saison qui est comme l'adieu de toutes les choses aimées, l'envolée mélancolique des derniers parfums et des dernières chansons. Madame Fessederoi et moi la mettions consciencieusement à profit et nous ne manquions aucune occasion de faire dans les bois rouillés de petits pèlerinages crépusculaires pendant que son mari, las d'avoir chassé tout le jour, dormait sur quelque banc du jardin et ronflait à éteindre les lucioles dans la profondeur des bordures.

Pour ces cérémonies d'un culte automnal que je recommande à tous les tempéraments dévots, nous dressions de petits autels en feuilles mortes, sur lesquels nous chantions les vespres à notre rustique façon et souvent ne craignions-nous pas d'ajouter un psaume de notre composition à ceux de la liturgie. C'était une personne tout à fait religieuse que madame de Fessederoi et qui avait toujours à redire quelques petites prières d'actions de grâce, avant de quitter l'office. Moi aussi, j'étais infiniment fervent et je ne lui épargnais pas les caresses. Les premières étoiles s'allumaient comme des cierges sous le dais d'azur sombre du ciel et, au bas du coteau, la rivière avait des mugissements d'orgue tout à fait délicieux. Les personnes sans foi sont décidément bien à plaindre.

— Sacristi ! me dit ma bonne amie, en revenant un de ces soirs-là de notre sainte promenade, j'ai perdu une des boucles d'oreille en corail que mon mari m'a données pour ma fête.

— Je sais l'endroit ma mignonne, et vous l'irai chercher demain de grand matin, lui répondis-je pour calmer son souci.

Et cette bonne parole me valut encore une petite dévotion le long du chemin.

L'inconnu s'arrêta un instant, comme si le courage lui manquait pour aller plus loin. Puis, sur un ton tout à fait résigné :

V

— L'aube montait de l'horizon dans un grand éparpillement de plumes de cygne, avec un souffle frais qui vous mettait des roses au visage. Fidèle à ma promesse, je m'étais levé dès patron-minet (expression populaire et qui gagne tant à être mise au féminin) pour aller à la recherche de l'objet si malencontreusement perdu. Je retrouvai assez bien le chemin parcouru la veille, où, comme le Petit-Poucet, j'avais émietté le pain charmant... du souvenir — j'allais dire : du Péché, et mon cher Paul Arène me le pardonne ! Dans un endroit couvert et dans une obscurité relative, j'arrivai ainsi à un large tas de feuilles sous un chêne, que je crus bien reconnaître pour le temple où nous avions dit, madame Fessederoi et moi, nos derniers orémus. — Je suis myope, messieurs, et suis par conséquent obligé de regarder un peu avec le bout de mon nez, ce qui est bien malaisé aujourd'hui qu'il va plus loin que la vue de mes pauvre yeux ! — Un petit objet rouge et luisant était là, comme une piqûre de braise dans cette masse sombre. Le corail de la boucle d'oreille, certainement ! Pour mieux m'en assurer, je penchai mon visage. J'y touchais presque, quand je me sentis véhémentement happé par les narines et si violemment mordu au gras du nez que je faillis me trouver mal de douleur. Je tirais comme un enragé pour me dégager, mais deux mains s'étaient abattues sur mes épaules et tous mes efforts ne faisaient que me tordre le nez entre des dents furieuses qui ne lâchaient pas.

Un mouvement désespéré me dégagea. Un homme surgit du tas de feuilles. C'était M. Fessederoi, en chair en os. Il paraissait abasourdi. Voyant mon état piteux il voulut bien l'excuser et m'expliquer qu'il était venu là à l'affût de la bécasse, qu'il s'y était endormi et que l'approche malencontreuse de mon nez, l'interrompant dans son rêve, l'avait ramené au sentiment pratique de la chasse.

Ah ! j'étais bien avancé.

Les femmes ! mes gentilshommes, les femmes ! La sienne creva de rire en apprenant l'aventure et fut la première à se moquer de moi. Comme j'étais devenu laid, elle prit un autre amant, en lui recommandant de faire attention à la bouche de son mari. Ainsi ma vie et mon amour furent brisés du même coup. Et voilà pourquoi je voyage maintenant.

Le narrateur se tut. Nous avions tous les larmes aux yeux.

Le monsieur qui avait froissé *Gil Blas* si impatiemment, se contenta de dire :

— Il y en a un qui ne nous contera jamais de ces touchantes histoires. C'est cette sotte bête de...

AUTRE COMMENTAIRE

AUTRE COMMENTAIRE

I

Le diable m'emporte ! Depuis mon histoire du *Pantalon d'Isaac*, qui fut mon vrai début à *Gil Blas*, il y a quelques lunes déjà de cela, — car vous savez que je compte volontiers par lunes, — aucun de mes futiles mais véridiques récits ne m'avait valu autant de lettres que *celui de la Bécasse*. C'est une avalanche, et, pour être franc, j'avouerai que d'aucuns en semblent véhémentement scandalisés, ce que je ne saurais comprendre. Car je ne sais rien de plus innocent que ce qui n'est écrit que pour faire rire. La morale n'est pas si fort ennemie que cela de la gaieté et la vertu n'a pas pour compagnon nécessaire l'ennui. Nos aïeux étaient de braves gens qui n'en aimaient pas moins les gauloiseries.

D'autres, plus bienveillants, m'assurent qu'ils n'ont pris la plume que pour m'être agréables ou utiles. Et, dans ce double but, évoquent-ils la mémoire d'aventures analogues connues d'eux seuls et dont j'aurais pu également tirer quelque profit. Mais j'invente volontiers moi-même ce genre de billevesées. De toutes ces narrations cependant, j'en ai gardé une et vous la traduirai en mon français personnel, pour ce que le fond m'en a semblé vraiment plaisant et d'une imagination amusante. Son auteur m'affirme qu'il a porté autrefois l'épée. Camarade, topez là ! Et sans rancune, si je dérange quelque chose à votre petit poème.

Le héros en est un simple sergent de notre campagne africaine. Il se nommait Balthasar, était de Marseille et ne mentait jamais. Contrairement à la plupart de ses compatriotes, ce néo-Phocéen était de très haute taille et tout à fait herculéen d'aspect. Ancien travailleur du port, dans sa jeunesse déjà robuste, il jouissait d'une telle vigueur musculaire, qu'entre son biceps et son avant-bras il écrasait, d'un seul mouvement, les plus grosses noix, à moins qu'il ne les mît entre deux de ses doigts pour les aplatir comme de simples mies de pain. Tout son individu participait de cette force extraordinaire répartie d'un bout à l'autre de son être.

C'était, de plus, un paillard fort distingué, entreprenant en diable, toujours prêt à l'assaut, et ce lui était un jeu de mettre à mal toutes les femmes arabes qu'il pouvait, son principe étant que c'était par ce procédé que se ferait le plus aisément la colonisation et l'infusion des idées françaises dans le cœur du pays conquis. En voilà un qui était pour la politique coloniale, un civilisateur enragé !

Vous le connaissez maintenant aussi bien que moi-même qui ne l'ai jamais vu.

II

Le colonel Borniche, qui ne badinait pas avec la discipline, avait imaginé un mode de punition très ingénieux pour les soldats qui avaient failli. Car, en ce temps-là, un militaire n'aurait pas tenté de livrer nos fusils à l'ennemi sans se faire fusiller proprement, et j'estime que c'était bien uniquement parce qu'on avait déjà aboli la torture. Car ce genre de plaisanterie mériterait la roue ou le chevalet pour le moins. C'était à de bien moindres fautes d'ailleurs que s'adressait le châtiment édicté par le père de son régiment. Le délinquant était mis en faction avec un fusil sur chaque bras, dans la pose réglementaire, et, pour rien au monde, il ne devait quitter cette fatigante attitude. Car les fusils de ce temps-là pesaient encore bien plus que ceux d'aujourd'hui. Deux ou trois heures de cet exercice constituaient un supplice véritable et les plus résistants en sortaient absolument exténués.

Or, c'est quatre heures de cette punition que notre ami Balthasar avait encouru.

— Pour quel méfait, grand Dieu ?

— Parbleu, toujours la même chose. L'honneur d'un indigène mis à sac, ce qui ne serait rien, mais rentrée tardive au campement, ce qui était autrement grave. Cet animal de Balthasar s'était laissé condamner sans réplique. L'animal ne se plaignait de rien. C'est qu'elle était adorable la femme de l'usurier Ibrahim, avec laquelle il avait passé tout le temps dérobé au service ; un peu bistrée de peau, sans doute, mais ferme et de forme élégante comme un bronze florentin, une merveille que le soleil avait mûrie pour les délices d'un époux bien plus occupé à faire fortune que d'en jouir comme l'eût fait un sage. Cet Ibrahim n'avait rien su de l'aventure, mais il avait contre Balthasar un autre sujet de rancune; celui-ci ayant trouvé le moyen de lui emprunter quelquefois de l'argent qu'il ne lui avait jamais rendu. Alors, ce n'est pas seulement l'honneur qu'il dérobait aux maris ? — Pardon, mais je ne vous ai pas donné ce Balthasar, dont vous me fatiguez les oreilles, pour un modèle de délicatesse.

— Ça t'apprendra, mon gaillard ! avait dit le colonel Borniche en lui désignant le point où il devait demeurer, le chien de son double mousquet engagé sur le cubitus.

III

Il y avait déjà trois heures et demie qu'il était en faction et les forces étaient près de lui défaillir, quand Ibrahim, qui avait appris la chose, s'en vint courageusement le railler, puisque l'autre, ayant les deux bras occupés, ne le pouvait attaquer d'aucune façon.

— Ah! Ah! sergent! cela est moins agréable sans doute que de manger l'argent qu'on a dérobé!

Et lâchement, avec une colère méchante, le drôle abusait de la situation pour vilipender, en mille propos insultants, le pauvre militaire qui, fidèle à l'inexorable consigne, ne pouvait se défendre. Balthasar, ne pouvant agir, ne parlait pas davantage. C'est un exemple qu'on pourrait donner aux députés dont nous jouissons. Mais il méditait sous l'insulte. A quoi s'arrêtait sa pensée? A rien de bien précis, mais certainement à un furieux désir de se venger.

— Et comment, s'il vous plaît, sergent, avez-vous pu mériter d'être traité de la sorte?

Le front de Balthasar s'éclaira. L'idée se faisait nette dans son esprit. Très simplement et sans émotion apparente, il répondit, cette fois-ci :

— En dérobant un diamant à la femme de mon colonel.

— Un gros diamant? fit Ibrahim avec un éclair dans les yeux.

— Un des plus beaux que j'aie vus, reprit le sergent.

— Et vous avez été obligé de le rendre?
— Je ne l'ai pas encore pu.
— Que voulez-vous dire?
— Que, l'ayant avalé, pour ne pas être pris le corps du délit à la main (car je suis châtié sur une simple présomption, mais zuze un peu, mon bon, si on avait eu des preuves!), il est si mal engagé dans un endroit malséant, que je ne saurais dire, qu'il n'en peut plus sortir et me cause d'intolérables douleurs.

L'usurier était pensif devant cette révélation.

— Il vous est donc formellement interdit, reprit-il lentement, après un moment de silence, de quitter les deux armes posées sur vos bras?

— Sous les peines les plus sévères.

— Et, dans aucun cas, vous ne les déposeriez à terre, même un instant?

— J'aimerais mieux mourir que de violer la consigne du colonel, fit l'héroïque sergent.

— Eh! bien, attends un peu! s'écria Ibrahim, qui, lui aussi, avait sa minute d'inspiration.

IV

Malgré les protestations du sergent, dont les deux bras demeuraient soudés et immobiles sous leur charge, les mains prisonnières et comme rivées sur le ventre, malgré les injures et les coups de pied qu'il tenta de lui détacher à la façon des bourriques qui ruent, Ibrahim, adroit comme un singe, fit tomber le ceinturon du sergent et sa lourde giberne. Puis il souleva les pans épais de sa capote, déboutonna vivement ses bretelles et abattit son pantalon sur ses guêtres blanches, lui prenant ainsi le bas des jambes dans une façon de lacet... Ah! voici qui est moins commode à dire. Mais vous avez cependant bien vu quelquefois un gourmet malappris engager ses doigts au croupion d'une dinde pour y voler plus sûrement une truffe. C'est la manœuvre que fit exactement l'usurier pour conquérir le diamant obturateur. Mais il avait compté sans le piège tendu à sa naïveté. Par une brusque contraction le sergent emprisonna l'imprudent et trop familier index, et, les deux bras toujours ployés autour de la crosse de ses deux fusils, sans manquer un seul instant à la pose réglementaire, d'un pas ferme, il prit le chemin du campement, traînant derrière soi son captif qui vainement se débattait, tirait et se faisait traîner comme une bête qu'on mène à l'abattoir; Cette capture produisit un effet énorme sur le régiment tout entier. Ibrahim, convaincu d'avoir insulté une sentinelle française, fut décapité.

— Gardez-moi ses cornes! avait dit férocement le vindicatif sergent Balthasar.

Celui-ci fut décoré un an après, mais pour plusieurs autres faits d'armes ajoutés à celui-là. Car c'était un vaillant homme que ce trousseur d'honnêtes dames...

Comme j'achevais d'écrire ce conte incongru, mon ami Jacques qui, pendant ce temps-là, le lisait sur mon épaule, me dit :

— J'avais entendu conter une histoire analogue à

Marseille. Mais elle était bien plus inconvenante que celle-là.

— Dieu en soit loué ! m'écriai-je. Ce sera pour les lecteurs de la *Revue des Deux-Mondes*.

Et je serrai la main de mon ami Jacques.

L'HORLOGE

L'HORLOGE

I

C'était un gros petit homme assez réjoui que l'horloger Mirevent, l'unique horloger de Champignol, d'ailleurs, et le meilleur par conséquent : un gros petit homme très court posé sur deux jambes rondelettes, avec une tête en brosse grisonnante déjà. Car il n'était pas loin de la cinquantaine. Très consciencieux dans son état, c'était un sédentaire s'il en fut ; j'entends qu'il ne levait que pour l'heure du repas son copieux séant de la haute chaise en paille d'où il dominait, une loupe dans l'œil, les mouvements ouverts sur sa table, prenant celui-ci, puis celui-là pour les regarder de plus près et juger des réparations nécessaires. Il faisait tout cela avec le sérieux d'un médecin et comme s'il eût eu affaire à des malades, hochant la tête, faisant claquer anxieusement sa langue entre ses dents, fourrant enfin son minuscule scalpel dans ces petites machines que les enfants prennent toujours pour des bêtes vivantes et qui semblent, en effet, respirer comme nous.

Cette régularité dans les occupations et cette fidélité au foyer ne faisaient pas l'affaire de sa femme Mariette, qui avait bien vingt-cinq ans de moins que lui et ne l'avait pas précisément épousé par amour. Une belle créature, cette Mariette, et qui méritait mieux, en effet, que ce mécanicien rabougri. Ah ! que la pauvreté joue de mauvais tours aux filles ! Pour cet animal de petit commerçant cette belle taille souple aux ondulations voluptueuses, aux hanches puissantes, aux reliefs vainqueurs, cette belle nuque ambrée d'où jaillissait l'or clair d'une chevelure mignonnement crespelée, et ces deux yeux clairs traversés d'étoiles, et cette bouche aux fraîcheurs de roses sous les lèvres en pétales, et ce menton divinement troué d'une fossette circonflexe comme un vol d'hirondelle, et ces mains ayant l'épiderme des lis soyeux, et ce... Tout cela pour cette vilaine petite bête toujours la tête penchée et oscillante comme un hanneton qui compte ses écus ! Vous ne l'auriez pas voulu, gens de bien qui lisez mes contes ! Et elle ne le voulait pas non plus, l'innocente personne. Oui. Mais comment convier un associé à la participation de tous ces biens en souffrance ? Mirevent ignorait les salutaires principes de la commandite qui rend de si grands services dans les ménages. Il entendait gérer tout seul son entreprise. Vraiment, ces ressemeleurs d'oignons et ces rebouteux de tocantes ne doutent de rien !

Il y avait cependant, à Champignol, un gaillard qui eût bien volontiers mêlé ses fonds avec les siens pour l'exploitation des charmes de Mariette. C'était Pujol, le menuisier, un gars magnifique celui-là et qui ne déplaisait pas à la femme de l'horloger. Mais l'occasion manquait absolument à Pujol pour obliger son voisin comme il en avait le solide désir. Mirevent ne laissait jamais sortir sa femme seule. Il était jaloux le sans-gêne ! Il n'en voulait que pour lui, le gourmand ! De toutes les formes de l'égoïsme, celle-là est la plus choquante et tous les célibataires sont certainement de mon avis. C'est le comble de l'avarice, le dernier mot de la pingrerie. Pouah !

II

L'abbé Baudodu entra onctueusement dans la boutique, et après un salut qui ressemblait fort à une bénédiction :

— Mirevent, fit-il, j'ai besoin de vos services.

L'horloger retira de son œil le petit cylindre de métal qu'il y portait toujours.

— Le cadran de l'horloge du clocher est dans un état abominable. Les divisions des minutes et même le tracé des heures n'y sont plus visibles pour personne.

— Faites-le-moi descendre, monsieur le curé, fit l'horloger d'un air capable et nous aviserons.

— Y penses-tu ! le descendre ! mais il est très pesant, fendu en plusieurs sens déjà et ce serait achever de le briser que le changer de place. Non ! non ! mon ami ! tu grimperas là-haut et tu travailleras en plein air, ce qui sera meilleur d'ailleurs pour ta santé.

Mirevent, qui n'était pas brave, fit une certaine grimace.

— J'ai parlé de la chose à Pujol, continua l'ecclésiastique. Il t'accompagnera et t'installera une suspension solide avec un câble à nœuds. Tu seras installé et commodément assis comme dans une balançoire suspendue à la charpente du clocher. Ce ne sera pas, d'ailleurs, un bien long ouvrage pour un homme habile comme toi. Et puis la fabrique rétribuera généreusement ta peine.

Cette dernière raison décida l'indécis.

Il fut convenu que le lendemain il se mettrait à l'œuvre et, pendant qu'il reconduisait le prélat, Mariette se frottait les mains pensant qu'elle demeurerait enfin quelques heures seule... Oui ! mais la belle avance, puisqu'il emmenait Pujol avec lui !

Et elle redevint mélancolique, se disant que la Providence était injuste pour tant de bonne volonté.

III

Et le lendemain les choses se passèrent comme il avait été convenu. L'ingénieux Pujol installa fort confortablement, ma foi, l'horloger sur une façon de poutrelle suspendue et celui-ci commença de nettoyer le cadran avant d'y rétablir les signes mystérieux qui marquent les étapes du temps. Tout à coup, Pujol lui dit :

— Tu n'as plus besoin de moi, compagnon, et je m'en vais déjeuner. Car, dans ma préoccupation, je n'ai songé à monter de nourriture que pour toi. Je te laisse donc avec tes petites provisions et me vais restaurer d'autant plus volontiers que j'ai eu grand mal à attacher toutes ces cordes solidement pour ta précieuse sécurité.

Ce disant, le menuisier descendit et s'en fut tout droit à la demeure de l'horloger.

— Vous ! s'écria Mariette en le voyant entrer.

Et elle faillit tomber pâmée préalablement de bonheur dans ses bras.

— Mais s'il revenait ! fit-elle.

— Aucun danger, mon amie. J'ai distancé les nœuds du câble de telle façon qu'il ne s'en saurait servir avec ses bras trop courts pour descendre tout seul. Personne, d'ailleurs, ne l'ira chercher là haut. Le voilà donc suspendu entre ciel et terre jusqu'à ce que j'aille le délivrer.

— Ne perdons donc pas un instant ! fit Mariette qui savait le prix des instants.

Et tous deux, sans bavarder davantage, commencèrent-ils de faire leur adultère et charmante besogne. Ardents à l'ouvrage et s'encourageant l'un l'autre comme de bons compagnons... Comment tout de suite, sans s'installer autrement? Qui vous a dit cela ? Ils n'avaient pas mis plus d'une minute chacun à jeter ses habits à terre. Une minute après tous deux frétillaient sous les draps comme des anguilles. Un chat installé en rond sur la chaise déserte de Mirevent les contemplait avec de grands yeux verts. La porte était bien fermée en dedans. Que leur manquait-il, s'il vous plaît? Jamais honneur de mari ne fut mis à sac avec un entrain si diabolique. La citadelle par laquelle nous représenterons, si vous le voulez, cette conjugale institution s'écroulait sous les assauts. Un pan de muraille !... un autre, en quatre ou cinq reprises de l'attaque, un monceau de ruines. Jamais vainqueurs n'avaient trouvé plus doux de coucher sur le champ de bataille. Si doux que ceux-ci s'endormirent sur leur couche de lauriers d'un sommeil indécent, profond, sans remords, de ce sommeil particulièrement anéanti que je proposerais d'appeler « le sommeil des enfants » puisque c'est à en faire qu'on gagne sa douceur.

Laissons-les donc reposer sous l'aile indignée de leur ange gardien. Car les séraphins attachés à certaines personnes doivent vraiment passer des moments difficiles pour de pures intelligences dont la candeur est le principal mérite et qui font cas avant tout de la virginité.

IV

Cependant Mirevent était au bout de sa tâche. D'un pinceau inspiré, il avait retracé la course de l'heure sur la grande surface dont il avait ravivé les blancheurs avec des acides *ad hoc*. Il avait rajeuni le noir des aiguilles et l'horloge n'était plus reconnaissable vraiment, après cette orgie de toilette. Et Pujol qui ne revenait pas ! Ah ! ça, est-ce qu'il allait manger toute la journée, ce menuisier de malheur ! Ces célibataires ! ils n'ont pas d'autre souci que leur ventre ! Le soleil s'était vivement dégagé des nuages et il faisait une diabolique chaleur dans les régions éthérées où l'horloger était supendu. Est-ce qu'on allait l'oublier là-haut ? Sa femme devait être déjà horriblement inquiète.

Peu à peu notre Mirevent perdit tout à fait patience. Eh bien ! il n'attendrait pas Pujol et s'en irait bien tout seul. La belle malice ! il n'était séparé de la charpente faisant potence au-dessus de sa tête que par une distance de trois nœuds sur le câble. Une fois en haut, à la force du poignet, un simple rétablissement sur les coudes, et, par la large poutre, il gagnait la petite échelle conduisant au sommet du clocher et descendant jusqu'en bas.

Notre homme monta debout sur la planchette qui lui avait servi de siège, prit son élan et gagna sans peine le premier nœud auquel il se cramponna solidement d'une main.

Oui, mais comment atteindre le second de l'autre ? Ce damné Pujol avait su ce qu'il faisait en mettant ces renflements du câble à des distances que la petite longueur du bras de Mirevent ne pouvait franchir. Celui-ci s'épuisa en efforts inutiles. Impossible de gagner le second nœud !

Et voyez un peu ce que c'est quand la malechance se met de la partie !

Dans les efforts qu'il fit et par l'effet des gigottements qu'il donnait à ses jambes pour se donner plus de ballant, ne fit-il pas sauter le plus essentiel bouton de sa culotte ! Si bien que celle-ci se mit à lui descendre sur les mollets d'abord, puis jusqu'aux chevilles ; et, comme le vent s'engouffrait dans sa chemise en la soulevant, ne montrait-il pas son nommé derrière de la plus impertinente façon.

L'infortune était complète et plus comique encore que vous ne le supposez. Un méchant hasard ne faisait-il pas arriver cette lune vivante juste à la hauteur du cadran qu'elle couvrait de sa rotondité, si bien que pour les spectateurs, regardant d'en bas, c'était le postérieur de l'horloger qui figurait le cadran lui-même. C'était jour de marché précisément et les paysans des bourgs voisins avaient coutume de venir mettre hebdomadairement leur montre à l'heure sur l'horloge du clocher de Champignol, laquelle réglait aussi, pour tout le pays, la marche du soleil. Le moment de la vente étant passé, ils arrivèrent donc à la queue leu-leu et commencèrent à sestomirer bruyamment en apercevant le cadran sans aiguilles, sans indications d'heures, ce cadran vide et tout à fait singulier. Le premier fit : oh ! Le second fit : ah ! Le troisième fit : fichtre ! Le quatrième : bigre ! Le cinquième : nom de D... ! Et les femmes poussèrent des cris de chouettes et tout le monde se sauva, croyant, dans ce pays encore dévôt et superstitieux, à quelque maléfice, à quelque ruse de l'esprit malin, à quelque diable qui, exorcisé par une douche d'eau bénite, s'était réfugié dans le clocher. Les vieilles se signaient en courant, les jeunes se mettaient les mains sur les yeux, et les bourriques aux dos chargés de provisions tressautaient sous un redoublement de triquées, en lançant des pétarades dans l'air.

V

Cependant, Pujol et Mariette se réveillèrent de leur bienheureux engourdissement, ne sachant combien, au juste, il avait duré.

— Quelle heure peut-il être ? demanda Pujol inquiet.

Chez Mirevent, comme chez tous les horlogers, il n'y avait pas une seule montre qui marchât.

Le menuisier s'apprêtait à s'habiller, et alors recommença la scène immortelle de Roméo et Juliette.

— Pas encore, mon chéri ! faisait Mariette, qui ne savait pas quand se représenterait l'occasion.

Un enfant passa en chantant.

— Holà! fit madame Mirevent en l'appelant par la fenêtre.

Et quand il se fut arrêté :

— Cours vite voir l'heure exacte au clocher et reviens me la dire sans entrer. Tu auras des gâteaux.

Le petit fila comme une flèche.

Or, quand il parvint devant l'église, Mirevent, en faisant, pour grimper, un dernier effort, se retourna sur lui-même, si bien que ce fut le contraire de son naturel cadran qu'il présentait quand le gamin leva les yeux pour consulter l'horloge.

Un instant après, il était revenu sous les fenêtres de madame Mirevent qui l'interrogeait et subitement terrifiée, se retournait vers le menuisier pour lui dire d'une voix tremblante :

— O mon ami, dépêchez-vous ! il paraît qu'il est six heures et demie !

LA GIFLE

LA GIFLE

I

Comme il y a longtemps que je n'ai rien écrit pour la gloire des pharmaciens! Visalœil m'en doit vouloir de cette apparente indifférence. Mais c'est qu'on n'ose plus s'attaquer à l'apothicaire aujourd'hui. C'est une des puissances du jour. On le trouve partout dans les fonctions publiques et je parie que notre Parlement n'en contient pas moins de quatorze, insuffisants encore pour faire évacuer le budget. M. Purgon a fait face à la société. Les statuaires ne le représentent plus son télescope lunaire à la main, mais bien appuyé, comme Lycurgue, sur les tables de la Loi. Allez donc blaguer des gens qui compètent en magistrature ! Votre humble serviteur, monsieur Fleurant ! Vos pilules politiques sont les plus actives que vous ayiez composées jamais. Ne m'en veuillez pas de vous prendre encore pour héros d'une de mes histoire. Elle est bénigne en diable et vous n'en recueillerez qu'un peu plus d'honneur devant la postérité.

Le pharmacien que je vous présente s'appelait M. Poussandoux et portait sur son enseigne ; Poussandoux, successeur, parce que son prédécesseur, qui avait donné son nom à la boutique, se nommait M. Ventejoli. Il était maire de sa commune, veuf de son état et possédait un garçon en qui il avait toute confiance, — j'entends garçon apothicaire, commis matassin, clerc en cette hydraulique étude, — et qui répondait au vocable de Thomas. Un gars magnifique que ce Thomas et qui avait bien mérité la tendresse de son patron en le faisant cocu de toutes ses forces, durant tout le temps que Madame Poussandoux avait vécu. Or, une dizaine d'années suffisent pour faire un cocu à qui il n'y ait rien à reprendre, un cocu accompli, un cocu modèle comme l'avait été ce tant-précieulx (ainsi écrivait Rabelais) vendeur de séné.

II

Or l'us était, dans ladite commune, de nommer annuellement une Rosière pour la distinguer des autres jeunes filles du pays. Tout naturellement à M. le Maire incombait l'honneur de distinguer cette pucelle parmi ses jeunes contemporaines et il faut une vue bien délicate pour cela, les jeunes filles ne portant pas sur le nez cette fameuse membrane hymen dont font si grand cas les raffinés en mariage. M. Poussandoux n'avait pas eu de chance les années précédentes. La moins hâtive de ces demoiselles avait accouché sept mois après la solennelle remise du bouquet de lys officiel. On avait ri de ce méchant hasard, ri aux dépens du premier magistrat municipal de la petite cité.

— Cette fois, pensa l'apothicaire, je ne souffrirai pas qu'on m'en impose sur la vertu de ces péronnelles par des rapports intéressés et astucieux. Mais bien les soumettrai-je à une épreuve qui m'édifiera sur leur force de résistance à l'endroit des tentations de l'amour. Mon Thomas est bien l'homme qu'il me faut pour ces délicates expériences. Il est entreprenant en diable, causeur aimable avec le sexe, grand amateur du cotillon et plus encore de ce qui est dessous, friand de galantes aventures et celle à qui il ne parviendra pas à en conter sera certainement cousine de Jeanne d'Arc elle-même et destinée, par la nature, à devenir dans son ménage Lucrèce ou Cornélie mère des Graques.

Et, mandant Thomas sans plus tarder, l'apothicaire lui expliqua la mission de confiance dont il l'avait investi. Séducteur dans l'intérêt de la vérité ! Don Juan pour la gloire de la vertu ! Thomas se trouva toutes les aptitudes à ce superbe et aimable rôle. Il promit de faire de son mieux pour mettre à mal toutes celles qui en seraient susceptibles. Faux serments, présents promis, discours voluptueux et curiosités malsaines, il ne reculerait devant aucun moyen.

— Et c'est bien entendu, mon courageux Thomas, conclut M. Poussandoux, nous irons ainsi jusqu'à ce qu'il y en ait une qui te flanque une bonne gifle.

— Je ne suis pas pressé d'arriver à celle-là, interrompit le vice-matassin. Mais celle-là ?...

— Eh bien ! celle-là, par la foi de mes pères et sur la croix de mes aïeux, je jure ma parole de gentilhomme qu'elle sera couronnée rosière et touchera la prime affectée à ce triomphe de la conservation et de l'économie domestique de ses charmes. Le ciel écoute mon serment !

Et M. Poussandoux leva la main au-dessus d'un des bocaux où de mélancoliques ténias serpentaient, anguilles anémiques dans un alcool douteux.

III

Voilà, me direz-vous, une singulière façon de moraliser les masses ! Ecrabouiller peut-être une vingtaine de vertus qui auraient pu attendre encore, secouer violemment l'arbre où des fruits déjà mûrs seraient cependant restés quelque temps encore aux branches, faucher les blés avant la moisson pour sauver un seul épi ! Etrange souci de la virginité des jeunes personnes. Mais M. Poussandoux ne voulait plus être mis dedans. J'ajouterai que, dans un autre sens, il ne le pouvait plus, ce qui l'avait forcé à recourir à un complice. Car il n'eût pas été déplaisant d'opérer soi-même en cette occasion.

Mais il avait eu raison. Thomas était bien son homme. Thomas avait pris au sérieux son emploi de trousseur de jupes et de détrousseur de vertus. Il s'en donnait à tire-larigot de tendre des pièges à l'innocence. Et ce que l'innocence tombait dans les pièges ! C'est remarquablement insouciant, un commis apothicaire. Celui-ci était si fort détourné de ses devoirs professionnels par les fonctions dont son maître l'avait investi qu'il fit, pendant les trois semaines que durèrent ces mémorables expériences, des bévues pharmaceutiques dont tout le monde fut victime. Il relâcha les flatulants et resserra les constipés, donna des collyres pour les corps aux pieds et des gargarismes pour les ophthalmies, empoisonna un huissier, ce qui n'était pas un mal, soigna les abcès avec de la moutarde, rédigea des sinapismes avec de la graine de lin, entreprit de guérir la chlorose avec du sirop d'orgeat, fit avorter, sans le vouloir, trois péronnelles, rendit incurables cinq goutteux, enfin fit toutes les sottises scientifiques que comportait son noble état de compositeur de remèdes.

Aussi M. Poussandoux avait-il grand hâte que la fameuse gifle arrivât.

Mais la fameuse gifle n'arrivait pas.

Tous les soirs, l'interrogatoire de Thomas se terminait par la constation d'un décès nouveau dans le monde obscur et mystérieux des innocences et des renommées d'impeccabilité. Comment toutes succombaient? Ainsi l'affirmait Thomas qui était véridique de nature et à qui son patron avait fait jurer de ne pas mentir, se méfiant que le drôle prolongeât ces immortelles épreuves plus longtemps qu'il n'était nécessaire au triomphe de la vertu.

Quelques-unes faisaient bien quelques grimaces. Plusieurs mêmes l'avaient appelé : vilaine horreur, mais d'une voix où le reproche lui-même était une invitation et une caresse. C'était désespérant pour l'honneur de la contrée. Mais c'était tout à fait amusant pour cet animal de Thomas.

IV

— Ça y est! fit enfin le garçon apothicaire.
— Enfin! s'écria son patron enchanté.
— La fille de Merluchet, le bourrelier de la place.

— Par exemple ! En voilà une, au contraire !... Enfin, il ne se faut jamais fier aux apparence. Tandis que toutes ces mijaurées m'en imposaient, j'aurais cru volontiers, que cette p... Mais enfin l'expérience est décisive ! Elle t'a giflé, bien giflé ?

— Un énorme soufflet qui me fait encore mal à la joue.

— Dans huit jours elle sera rosière ! J'en ai fait serment devant l'Eternel.

— Elle ne t'a donné qu'une claque ? reprit-il encore, un instant après.

— Si ! elle m'a appelé encore : impertinent et maladroit !

— La brave fille !

— Et franchement, ajouta Thomas, avec un air de confusion adorable, je ne l'avais pas volé.

— Je m'en rapporte à toi, mon vaillant.

Alors le commis pharmacien d'une voix dolente et avec un peu d'embarras :

— Dame, monsieur Poussandoux, tous les jours comme ça, pendant près d'un mois, c'est fatigant. Et puis j'avais peut-être bu trop de vin blanc à mon déjeuner. J'ai loyalement fait de mon mieux... Mais rien... rien !... Ah ! quelle gifle !

Et voilà comment, fidèle à sa parole devant la majesté divine, M. Poussandoux sacra rosière mademoiselle Merluchet, en l'an de grâce qui vient de finir sous les frimas.

LES EXCUSES

LES EXCUSES

I

C'était par une tiède après-midi de mai, à Toulouse. Dans la chambre dont les persiennes étaient closes, régnait une demi-obscurité filtrée par la transparence des rideaux, un jour obscur et très doux que traversaient quelques bandes minces et poudreuses d'or pâle. La croisée était entr'ouverte et l'odeur exquise des clématites dont le mur était extérieurement tapissé, pénétrait amortie par les tentures, et un vague chant d'oiseaux montait des jardins voisins, intermittent par le caprice de la brise qui l'apportait.

Voilà, me direz-vous, un délicieux endroit pour s'aimer à cette heure sereine qui est, dans notre midi, celle des longues paresses et des siestes lentes meilleures encore à deux. Je ne vous surprendrai donc pas en vous contant que le lieutenant Michel et sa bonne amie, madame Lanternois, chez qui je vous ai introduit, goûtaient une volupté profonde entre les draps de Lanternois lui-même absent comme il convient. Tout berçait, autour d'eux, ces adultères délices et ils avaient déjà, par trois fois, tourné la page du beau roman qu'ils lisaient ensemble, toujours le même, mais dont leur curiosité ne se lassait jamais. Un bout de causerie amicale servait d'intermède à leur lecture :

— Tenez, j'ai pitié de vous, mon ami, disait madame Lanternois à son compagnon de travail ; ôtez donc cette grosse chemise de toile qui doit vous égratigner horriblement la peau et que je ne puis supporter moi-même.

— C'est la chemise de campagne, répondit le lieutenant, un tissu un peu rude, en effet, mais d'une solidité telle qu'on ne le peut déchirer et qu'il faut des ciseaux pour en venir à bout. Je vous obéis, ma charmante.

Et le lieutenant se mettait à l'œuvre, au mépris des plus vulgaires pudeurs.

— Ah! mon Dieu! fit madame Lanternois, on vient!

Et elle ajouta avec désespoir :

— C'est mon mari qui rentre !

Le rapide Michel sauta du lit. Comprenant que le temps lui manquait pour revêtir ses habits épars sur le tapis, il les poussa sous un meuble et résolut de tâcher de se faufiler dans l'ombre jusqu'à la porte, en chemise comme il était, s'en remettant à la Providence de lui donner une autre défroque quand il serait sorti.

— Quel bonheur ! Il s'en va d'abord à son cabinet de travail ! Sauvez-vous !

Le lieutenant put quitter sans encombre la chambre, gagner le vestibule où donnait la porte d'entrée, que le mari avait laissée ouverte, et se blottit derrière celle-ci quand M. Lanternois passa, sans songer à la refermer, tant son esprit semblait préoccupé. Un demi-tour encore et le militaire gagnait le palier. Mais M. Lanternois, qui semblait suffoquer et manquer d'air, eut l'idée fâcheuse d'ouvrir brusquement une fenêtre. Le courant d'air repoussa brusquement aussi la porte sur le dos du malheureux Michel, dont tout un pan de chemise se trouva pris dans la rainure et le retint prisonnier de l'autre côté de l'huis qu'il venait de franchir.

Il se mit à tirer comme un enragé, mais peine inutile. Il voulut déchirer la toile, mais elle était aussi solide qu'il l'avait dit lui-même. Pas de ciseaux pour la couper. Une ressource lui restait : se dépouiller par les bras de sa chemise et la laisser en otage. Mais alors il serait tout nu, et s'il est admissible qu'un monsieur soit rencontré dans un costume très négligé sur l'escalier qui conduit aux retraites parfois nécessaires, il est inadmissible qu'il s'y rende dans le costume sommaire d'Adam pendant sa courte villégiature au Paradis.

C'est qu'il faisait bigrement clair dans le couloir et dans l'escalier où le soleil descendait par belles coulées jaunes formant des nappes sur les murs découpées par de grandes ombres.

Le lieutenant tirait, tirait toujours! Il suait à grosses gouttes; il sacrait comme un païen; il se sentait affreusement ridicule. Et ce fut bien pis encore quand il entendit distinctement des pas multiples se diriger vers le lieu de son grotesque supplice.

II

— Eh! quoi! ma mie! au lit à cette heure! fit M. Lanternois en entrant dans la chambre de sa femme qui s'était blottie sous les draps en l'entendant venir, et qui ne lui répondit que par un sourd gémissement.

— La! la! reprit-il, êtes-vous donc malade?

— Gniou! gniou! gniou! répondit la voix lamentable de l'épouse coupable.

— Avez-vous besoin de quelque secours?

— Gniou! gniou! gniou!

— Voulez-vous que j'ouvre la fenêtre?

Madame Lanternois bondit à cette proposition dont le résultat pouvait être la découverte des vêtements mal cachés du lieutenant.

— Non! non! de grâce! fit-elle. Le grand jour me fait mal.

Et elle reprit sur un ton dolent.

— Une migraine, gniou ! gniou ! une épouvantable névralgie ! gniou ! gniou ! Allez me quérir le médecin.

Elle espérait ainsi le faire sortir et pouvoir, au moins, se débarrasser des hardes de son amant.

Mais il reprit, d'un ton où vibrait une émotion indescriptible :

— Il ne m'est pas permis de sortir, j'attends des témoins.

Et, se délivrant de son histoire, comme d'un poids qui l'eût oppressé :

— Vous vous demandez peut-être pourquoi je suis rentré deux heures plus tôt que de coutume, au mépris de la sainte loi des apéritifs, une des mieux respectées dans la romaine Toulouse ; c'est que j'ai eu un mot malheureux avec le commandant Bistouille. Comme il venait de gagner cinq fois de suite, à la manille, je l'ai appelé : cocu !

— Juste ciel ! fit madame Lanternois. Cocu !

— On a bien raison de dire qu'il n'y a que la vérité qui offense. On m'appellerait : cocu, moi, comme ça, en plaisantant, dans une partie, que je m'en ficherais pas mal. Je sais à quoi m'en tenir et que je suis au-dessus du soupçon !

— Certes, fit avec conviction la fausse malade.

— Mais il paraît que, lui, ce n'est pas la même chose... Qui se sent morveux se mouche ; il s'est mis dans une épouvantable colère, n'a rien voulu entendre de mes explications, et m'a déclaré qu'avant une heure, ses témoins seraient chez moi. Or, il y a déjà trois quarts d'heure de cela. J'aurais eu l'air de caner si l'on ne m'avait pas trouvé ici...

— Et votre intention n'est pas de caner?

— Si fait, biédase! Mais j'y veux mettre les formes qui sauvegardent la dignité. Je n'entends pas passer pour un pleutre, jour de Dieu!

III

Eh bien! et l'ami Michel toujours prisonnier par le pan de sa chemise?

Attendez un moment, s'il vous plaît. Les pas qu'il avait entendus se rapprochèrent et deux hommes en tenue sérieuse apparurent à l'extrémité du couloir, les deux témoins précisément envoyés par le commandant Bistouille, l'avocat Tripet et le major Chanteloup. En apercevant le lieutenant dans cette situation ridicule, ils faillirent tomber à la renverse et commencèrent de s'esclaffer bruyamment. Mais le lieutenant leur dit d'un air suppliant :

— Ne me perdez pas, je vous en prie! ne faites aucun vacarme! Je suis un pauvre amant qu'un jaloux a surpris.

Tripet et Chanteloup étaient de galantes personnes, des gens de bonne éducation et indulgents aux choses de l'amour. De plus, ils comprirent tout de suite, n'étant bêtes ni l'un ni l'autre, que le jaloux déshonoré était précisément l'insulteur de leur client, ce qui leur rendit le lieutenant immédiatement sympathique.

— Que pouvons-nous faire pour vous, monsieur? lui demandèrent-ils à demi-voix et le plus affablement du monde.

— Couper d'abord cette maudite toile qui me rendra ma liberté.

Le major avait un canif sur lui et ce fut fait en une minute.

— Ouf! fit le patient délivré. Et il continua :

— Me procurer, s'il était possible, des vêtements pour partir.

L'avocat et le major se regardèrent. Il était impossible de retarder davantage la mission qui leur avait été confiée, en allant faire des courses en ville. Le commandant n'aurait qu'à s'impatienter et à venir tout briser sur place !

— Je porte un caleçon très sombre, fit l'avocat, et à la rigueur je pourrais bien prêter mon pantalon à ce pauvre monsieur. On croira que je suis revenu à la mode des culottes collantes.

— J'ai copieusement chaud avec ma redingote, continua le major, et j'en ferais volontiers l'abandon provisoire à cet excellent garçon.

Tripet retira doucement son indispensable et Chanteloup sa jaquette. Saint-Martin s'était fait autrefois, à meilleur compte, une réputation de charité.

Le lieutenant, attendri, ne savait comment les remercier. Comme il était très naturellement biblique, il les traita de bons Samaritains, enfila joyeusement le pantalon de l'un, gaiement la redingote de l'autre et s'en fut, sans demander son reste, après mille protestations de reconnaissance, n'abandonnant, en somme, à l'ennemi, après une si piteuse défaite, que le lambeau de toile abandonné dans la porte.

— Voilà une étrange aventure, fit le major Chanteloup à l'avocat Tripet, quand il s'en fut allé.

— Ça lui va joliment de traiter les autres de cocus, répliqua l'avocat Tripet au major Chanteloup.

Et le premier sonna vigoureusement pendant que l'autre faisait le guet pour enlever prestement le morceau de tissu révélateur et le fourrer adroitement dans sa poche, quand la porte s'ouvrirait, ce qu'il effectua, d'ailleurs, avec une habileté de prestidigitateur de profession.

IV

Bien que fort ému lui-même, car il était friand de l'épée comme un lapereau, monsieur Lanternois ne put se défendre d'un mouvement d'étonnement devant la singulière tenue des témoins de son adversaire dont l'un lui arrivait en manches de chemise et l'autre sensiblement déculotté.

Ces messieurs, qui s'en aperçurent, s'excusèrent sur l'extrême chaleur et plus encore sur la rapidité avec laquelle ils avaient été faire leur toilette, pour satisfaire à l'impatience de leur client.

Le commandant voulait absolument du sang et tout de suite!

Monsieur Lanternois comprit qu'il n'était que

temps de caner pour ne pas envenimer les choses.

— Messieurs, fit-il, croyez bien que si j'avais su que cet excellent commandant que j'aime de tout mon cœur était dans la triste situation que j'ai imprudemment qualifiée, je ne me serais pas permis cette plaisanterie. Je vous autorise à le lui dire de ma part.

— Mais c'est une seconde insulte plus grave que la première ! fit le major Chanteloup.

— Il vous tuera comme un chien, sans même se battre, ajouta l'avocat Tripet.

— Mais que me demande-t-il donc alors ? fit le pauvre monsieur Lanternois sentant trembler ses jambes sous lui.

— L'injure a été publique, fit solennellement le major. Il veut que la réparation le soit également et qu'elle ait les mêmes témoins. Nous sommes chargés de vous ramener au café d'où personne n'a dû sortir, et c'est là que vous devrez lui déclarer que vous ne croyez pas un mot de ce que vous avez dit.

— Savez-vous, messieurs, que ce n'est pas drôle ! Et que cela n'est pas pour me faire avoir un surcroît de considération dans une ville où j'ai eu un aïeul mainteneur aux jeux floraux ?

— Alors que deux de vos amis se mettent à notre disposition pour régler les conditions du combat.

— Je n'aime pas à déranger mes amis, répondit avec dignité monsieur Lanternois ; et il ajouta d'un ton pincé :

— Vous conviendrez, qu'à ce point de vue, je suis plus discret que M. Bistouille. Mais je suis

4.

comme cela ! J'aime encore mieux, puisqu'il le faut, me déranger moi-même, et je vous suis. Je ne vous demande qu'un instant.

Et, rentrant dans la chambre de sa femme, M. Lanternois lui dit :

— Ce n'est rien. Le commandant, comprenant qu'il avait eu tort, m'a fait apporter des excuses par deux de nos amis communs et prié d'aller prendre le vermout avec lui. Au revoir, petite !

Et c'est avec beaucoup de crânerie qu'il dit à ces messieurs, en leur montrant la porte ouverte.

— Après vous, s'il vous plaît, je suis à vous.

V

Le commandant Bistouille attendait fiévreusement, en tapotant du bout des doigts la table de marbre dont le tremblement faisait passer de longues émeraudes claires dans l'absinthe de son verre à moitié vide devant lui. Il y avait un grand silence dans l'estaminet qui se fit plus absolu encore quand M. Lanternois entra, suivi de l'avocat Tripet et du major Chanteloup.

— Vous savez, lui avait dit, à l'oreille, Tripet, soyez catégorique. Pas de réticence ou je ne réponds de rien.

— Soyez tranquille, avait répliqué tout bas Lanternois, j'ai ma formule et, s'il n'en est pas satisfait, c'est qu'il est difficile.

S'avançant donc vers son adversaire, M. Lanternois, d'une voix vibrante d'émotion et avec un geste à la Mirabeau, prononça ces mémorables paroles :

— Messieurs, je vous prends tous à témoins que je regrette la parole que j'ai dite et je jure devant Dieu que le commandant Bistouille n'est pas plus cocu que moi !

L'avocat Tripet et le major Chanteloup se regardèrent. Ils virent le commandant se lever, très sérieux, et tendre la main presque affectueusement à son ennemi, en lui disant :

— Il suffit, monsieur ; que tout soit oublié.

Ils ne jugèrent pas à propos d'éclairer leur client sur le néant du serment dont il s'était contenté. Ils allèrent même trouver le lieutenant Michel qui pouffait de rire dans son coin et lui recommandèrent le secret sur l'aventure dont ils l'avaient aidé à se tirer.

Ce qui prouve une fois de plus qu'avec des amis conciliants tout s'arrange et combien Grisier avait raison de dire que ceux qui tuent sur le terrain, c'est moins les combattants que les témoins.

HYPNOTISME

HYPNOTISME

I

— Allez donc chez notre dentiste, mon cher oncle. C'est un des plus habiles de Paris.

— Non! ma chère nièce, répondit péremptoirement l'oncle Anselme, un campagnard obstiné et fort cossu, expressément venu pour le mariage de la fille de son frère.

Et il ajouta.

— Je ne crois qu'aux opérateurs en plein vent qui arrachent deux cents dents par jour et en ont une telle habitude, qu'un sabre leur suffit pour opérer dextrement.

Il ne s'agissait pas de contrarier un vieux parent dont on espérait hériter.

— Eh bien, mon cher oncle, c'est précisément la foire au pain d'épice et nous trouverons certainement là le charlatan que vous rêvez.

— A la bonne heure! Et l'excellent M. Anselme ramena sur sa joue gonflée son mouchoir à larges carreaux ployé en quatre.

— On pourrait bien profiter de l'occasion pour s'amuser un peu, pensa mademoiselle Ménichon.

Et, deux heures après, toute la famille et celle du futur, Clovis Pététin, s'entassaient dans trois fiacres dont les ressorts gémirent et dont une triple cinglée de coups de fouet annonça le départ.

C'était par une des rares belles après-midi de ces derniers temps, et la place du Trône présentait, ma foi, un spectacle assez animé sous le regard mélancolique de ses deux sentinelles de bronze; un grand brouhaha de promeneurs, un microcosme de badauds autour des trombones s'essoufflant, des cymbales éternuant, des grosses caisses gémissant et des aigres clarinettes où soufflaient des Alsaciens-Lorrains de Bavière; tout ce remue-ménage des solennités foraines montant dans l'air avec les balançoires, tournant avec les chevaux de bois, dégringolant avec les montagnes russes, s'envolant avec l'âme des mirlitons vers les premiers feuillages inquiets.

J'avoue que je suis de ceux que cette musique endiablée et cet effroyable mouvement saoûlent encore de gais souvenirs de jeunesse, et rarement laissai-je passer ces beaux anniversaires qui sont la joie de la banlieue, sans aller faire mon pèlerinage avec le *vulgum pecus* des badauds. Je ne blâmerai donc ni la famille Pététin ni la famille Ménichon du plaisir qu'elles prirent à celui-là.

II

— Voilà, parbleu ! mon affaire ! fit l'oncle Anselme en soulevant le bandeau dont il s'était coquettement enveloppé le menton et après s'être assuré, en y posant le doigt, que le mal ne s'était pas passé subitement par quelque miracle.

Devant un carrosse ridicule, plus ornementé de cuivre qu'une commode Louis XV, peint des plus criardes couleurs, sur une façon de large siège érigé en tréteau, un homme gesticulait, égrenant d'une main un chapelet de molaires dans une assiette et de l'autre brandissant le déplaisant outil que les hommes de cet art appellent davier.

M. Oculi — le célèbre docteur Oculi, de la Faculté de Berg-op-Som, comme il se qualifiait sur ses prospectus, n'était coiffé ni d'un casque comme un guerrier, ni d'un bonnet pointu comme un nécromancien ! Il n'était revêtu ni d'une armure, ni d'une longue robe. Sa tenue affectait, au contraire, un grand air de modernité : un complet gris pointillé de rouge et quelques rubans étrangers à la boutonnière — j'entends étrangers à aucun ordre existant. Il avait des façons d'ingénieur, un fashionable américain et parlait de la science moderne avec une emphase vraiment comique.

— Grâce aux progrès, disait-il, que j'ai fait faire à la prothèse dentaire, pour un franc de plus et à l'aide d'un petit traitement préalable, j'extrais les dents les plus rebelles sans la moindre souffrance pour le patient.

— Ce serait bien mon affaire, pensa l'oncle Anselme qui, en approchant de la douleur, commençait à la redouter.

Et notez que ce dentiste ambulant ne mentait pas. Une fois n'est pas coutume. Les dentistes, d'ailleurs, ne se distinguent plus des autres hommes par un mépris spécial et professionnel de la vérité, et les politiciens leur rendent des points à ce sujet.

Tout le monde sait, en effet, aujourd'hui, qu'une injection légère de cocaïne sous la gencive malade procure, quelques minutes après, une anesthésie locale qui permet l'extraction sans torture. Le secret du célèbre docteur Oculi était celui de tout le monde; seulement il avait modestement baptisé son liquide stupéfiant : *Oculine*, et il s'en prétendait l'inventeur, en quoi son goût naturel pour le mensonge prenait sa revanche.

Oui, cette découverte est aujourd'hui commune. Mais son emploi commande certaines précautions plus aisées dans ce qu'on est convenu d'appeler le silence du cabinet (silence absolu chez les personnes bien élevées) que dans le tumulte d'une fête publique, où tout est distraction pour la pensée et pour les yeux.

— Essayons! fit le vieux campagnard, mais je ne veux pas que vous restiez là à me regarder.

— Mais, mon oncle...

— Ta ra ta ta! ça me gênerait et cet estimable praticien aussi. Ce sont choses que je n'aime pas à faire en famille. Entrez dans ce musée de figures de cire en m'attendant, et je vous y rejoindrai tout à l'heure.

Les familles Pététin et Ménichon obéirent au parent dont elles espéraient quelque richesse.

III

Fort intéressante, ma foi, la collection de mannequins de M. Olibrius dit le Grévin de la banlieue. Plusieurs personnages venaient d'y être rhabillés à neuf, pour le retour de la saison. Comme sur le premier siège de la République, M. le président Grévy était devenu M. le président Carnot. Une petite tape sur le ventre et une barbe noire à la place des favoris gris. Ce n'est pas plus difficile que ça de changer de gouvernement. Un général Boulanger superbe, qui avait été Mac-Mahon autrefois, montrait d'un doigt immobile une frontière composée de préparations anatomiques. Et on s'imagine que c'est difficile à franchir! Madame Limouzin avait l'air d'être horriblement vexée de s'être appelée autrefois madame Lafarge. Dame ça ne la rajeunit pas! M. Olibrius, qui était de Toulouse, avait fort habilement transformé l'investiture d'un cardinal par le saint père en une remise solennelle des clefs de l'Opéra par M. Constans à M. Gailhard agenouillé devant son protecteur et baisant pieusement la clef de la caisse des retraites. Je pourrais citer encore plusieurs tableaux heureusement rajeunis : l'enterrement de Gambetta devenu une réception à l'Académie par un très habile assombrissement du sujet; M. Thiers très reconnaissable encore sous les traits du général Midgett, un peu plus grand que nature; enfin dans l'obscurité relative d'une série de cachots peints en toile d'un vert sale, toute l'histoire d'un crime et de son châtiment.

A l'entrée, comme dans tous les établissements de cette nature qui se respectent, quelques personnages de cire également, mais semblant appartenir par leur costume à la vie réelle, un faux sergent de ville, un fictif serviteur se reposant sur une chaise, de mensongers consommateurs attablés devant d'illusoires consommations, toutes figures destinées à simuler la réalité davantage.

Mademoiselle Ménichon fut, durant un moment, dupe de cette artistique fourberie. Elle demande pardon, en passant devant lui, au visiteur toujours immobile sur sa chaise. Clovis, qui était autrement expert des choses de la vie, s'amusa infiniment de cette politesse exagérée.

— Quel dommage que l'oncle Anselme ne soit pas là! ne peut-il s'empêcher de dire. C'est lui qui aurait coupé là-dedans!

Oui, au fait, qu'était devenu l'oncle Anselme? Eh bien! le dentiste l'avait piqué à la gencive, mais pas au bon endroit sans doute. Car le malheureux, qui s'attendait à peine à une légère démangeaison, hurla comme un loup dont le bûcheron a fendu la queue.

Mais on n'entendit pas son vacarme sous la toile paisible où les familles Pététin et Ménichon admiraient les merveilles renouvelées du musée de M. Olibrius.

IV

— Sapristi! pensa tout à coup Clovis. C'est certainement ce gredin de pain d'épice!

O benoît lecteur, tu me rendras cette tardive justice que depuis bien des mois qui m'ont paru peut-être plus longs qu'à toi, je ne t'ai pas entretenu de ces belles musiques abdominales qui furent longtemps un peu de la gaieté de mes récits. Depuis les tonitruantes symphonies de Jésus-Christ mises en si magnifiques orchestrations ici même par le maître Emile Zola, je ne me suis pas seulement permis un tout petit air de flageolet, pas une variation innocente. J'avais suspendu mon pétacorde aux saules de la rive comme jadis les Hébreux captifs. Je voyais sans sourire les haricots de mon jardin s'enfler pour les barcaroles à venir comme de petites voiles où le vent soufflera bientôt. Le solfège sur lequel j'ai coutume de m'asseoir pour étudier s'était lentement couvert de poussière. Je ne faisais plus mes gammes : *quatis artifex pereo!* m'écriais-je quelquefois comme Néron. La tristesse des ténors sans voix n'égalait pas la mienne. J'avais abjuré le culte d'Eole sur l'autel du silence. Hélas! hélas! quelle diabolique tentation me départ de cette longue sagesse! Cet animal de Clovis avait immodérément mangé du pain d'épice. Et puis après? Il avait une diabolique envie de jouer un air sur l'orchestre-fessier, s'il vous plaît que nous appelions ainsi ce tant benoit orgue naturel, pédalier natif, accordéon d'origine qui sert à passer le temps aux mélomanes pauvres qui ont vendu leur piano. Est-ce donc ma faute à moi? Zola me pardonne de glaner dans son orageuse moisson quelque zéphir parfumé d'anis, quelque souffle eolien venus des trous que Dieu fit à la lune longtemps avant que les caissiers aient pensé à ce délassement.

— Palsambleu! repensa le jeune Pététin, mais je n'y puis plus tenir et voilà un petit morceau de chant à ne pas exécuter devant ma fiancée.

Il laissa passer doucement devant lui les familles Pététin et Ménichon, se faufila derrière un groupe représentant Mars et Vénus, et, sur la pointe des pieds, regagna le voisinage de la porte que gardaient les sentinelles de cire dont j'ai parlé plus haut.

— Voilà des gaillards, se dit-il, devant lesquels je n'ai pas à me gêner.

Et, à deux pas du visiteur, toujours assis sur sa chaise, sous le nez insensible de ce mannequin inconnu, il vous commence une belle mousqueterie de Flandres qui eût exterminé une armée si tous les coups en avaient porté.

Pan! pan! pan! prout! prout! prout!

— Attrape! Attrape, mon vieux!... faisait-il en

riant *in petto* (c'est bien le cas de le dire), comme un petit fol.

Il y avait quelques minutes qu'il se divertissait ainsi quand un énorme coup de pied au derrière faisait mouche sur son individu.

Il se retourna furieux. Le visiteur de cire s'était levé de sa chaise et avait revêtu les traits de l'oncle Anselme furieux.

V

Et tout cela était simple comme bonjour !

L'injection de cocaïne avait tardivement agi après l'opération. Quel point mystérieux avait-elle atteint et communiquant de près avec le cerveau par de mystérieuses fumées ? Toujours est-il que l'oncle Anselme avait senti un invincible sommeil s'emparer de lui au moment où il entrait dans le musée Olibrius. Il n'avait eu que le temps de s'asseoir juste vis-à-vis du mannequin dont Clovis n'avait pas suffisamment regardé la place en venant jouer devant lui sa marche militaire. Dans un état d'hypnotisme qui ne lui permettait aucun mouvement, mais avec une conscience parfaite de tout ce qui se passait autour de lui, comme il arrive souvent, il n'avait perdu ni une double croche ni un quart de soupir odorant de l'inconvenante sérénade dont il il avait été l'objet. Brusquement réveillé de ce sommeil artificiel, il avait vivement exprimé son opinion sur sa musique au chanteur désappointé, en essayant de lui clore le bec, comme on dit — et c'est le cas — avec le bout de sa bottine.

Et vlan !

Adieu le mariage projeté. Mademoiselle Ménichon s'entêta. Mais l'oncle Anselme épousa une vieille bonne pour déshériter ses proches. M. et madame Pététin n'ont pas grand argent, grâce à cette mélodieuse aventure. Mais, s'ils s'aiment vraiment, je ne les plains guère pour cela.

BERNADE

BERNADE

I

Quand l'ombre du soir semblait monter de la plaine vers le sommet du Cartellat, enveloppant toute la campagne ariégeoise, c'était merveille, en ce temps-là, de voir s'allumer, comme une constellation terrestre, les feux sans nombre des forges qui font une ceinture de fer et de feu à la petite ville de Pamiers. Les flammes rouges s'élevaient, une à une, des hautes cheminées, pareilles aux langues de monstres léchant les pieds sombres de la nuit. Tous ces brasiers mettaient dans l'air comme une immense poussière de pourpre roulant au-dessous du chemin poudré d'argent que suit le char des étoiles. Entre ces deux routes embrasées flottaient les sérénités de l'infini, et mes rêves s'envolent encore quelquefois vers les espaces lointains où mes yeux d'enfant se perdaient devant un spectacle inoublié. Imaginez, en effet, autour de tout cela, le décor lourdement dentelé des montagnes aux courbes majestueuses et les révoltes de quelques pics neigeux accrochant à leur pointe la lumière pâle de la Lune. Mon imagination, elle-même, ne conçoit encore rien de plus grandiose aujourd'hui. De tous ces feux trouant la Nuit comme d'éclatantes blessures, le plus haut et le plus ardent était celui qui montait de la forge de Jean Garrigue, le plus adroit tourmenteur de métaux de tout le pays. Un beau gars avec cela et vaillant au travail, un rude mâle que reluquaient toutes les filles. Mais voilà le malheur : Garrigue était marié. Il avait même causé un grand étonnement dans la contrée en épousant la plus laide fille des environs, et qui n'avait pas le sou encore. Mais il se fâchait quand on le voulait plaisanter sur cela, et comme il avait deux poings qui eussent pu remplacer le marteau sur l'enclume, les quolibets ne durèrent pas longtemps. La surprise générale ne fit que s'accentuer quand il fut notoire qu'il était amoureux fou de sa femme deux ans après l'hymen comme avant.

II

Et, pourtant, il n'y avait pas à dire : Bernade était vraiment laide. J'entends qu'elle avait le visage non seulement irrégulier de traits, mais disgracieux. Elle le savait elle-même, et la honte qu'elle en éprouvait ajoutait un renfrognement à sa physionomie, qui ne lui permettait même pas le charme. Au moins était-elle ainsi avant que Jean lui eût demandé sa main, ce à quoi elle ne s'attendait guère. Il était donc aveugle, votre forgeron? Eh! que non! bien au contraire. Un jour qu'il pêchait la truite, dans l'eau courante, il se blottit derrière un coin de rocher, pour contempler, comme Ulysse autrefois, Nausicaa et ses compagnes, un chœur de jouvencelles qui, se croyant seules, se baignaient nues au soleil couchant. Bernade était de ce joyeux groupe, et le gars, qui était moins grossier de nature que ses camarades, s'était pris d'une émotion singulière devant un des corps les plus irréprochablement beaux qu'un cerveau d'artiste puisse concevoir. Car il y a quelquefois de ces surprises-là dans la chemise des dédaignées. Oui, ce laideron de Bernade était admirable de formes, et je ne veux pas vous la décrire, pour ne me pas associer à l'indiscrétion du pêcheur. Donc, après être demeuré en contemplation véhémente, il se garda bien de raconter à ses amis sa découverte et, quand Bernade eut un an de plus, il lui proposa tout simplement les fiançailles, se réjouissant à l'avance des richesses ignorées qu'elle lui apporterait en dot. Car il pensait comme moi que tout l'or du monde ne vaut pas une gorge sans reproche, de nobles flancs, d'harmonieuses cuisses et ce sont biens de ménage dont il convient d'être plus avare que des plus précieuses monnaies.

III

Comme au temps des chaleurs qui sont rudes làbas, c'était surtout après le coucher du soleil que le travail prenait à la forge, c'était surtout, durant le jour, que Jean témoignait à sa femme les bons sentiments qu'il avait pour elle. Il n'en demeurait pas moins la plupart du temps à son atelier, caressant de la lime ou du ciseau quelque menu ouvrage, en compagnie de son premier ouvrier Pascalou. Mais quand l'idée lui venait d'un intermède à cette assommante besogne, il n'avait qu'un bout d'escalier à monter pour se trouver dans la chambre conjugale, laquelle était précisément au-dessus de la pièce où il avait coutume de faire son état. Il avait même pris une habitude singulière. Les amoureux ont de si drôles d'idées! Quand une de ces velléités flatteuses le prenait, il prévenait par avance sa femme, en laissant lourdement retomber son marteau sur l'enclume, par trois fois, avec un bruit retentissant. C'était le signal. Pascalou, qui assistait à cette manœuvre sans en connaître le sens et sans en avoir deviné la suite, était fort intrigué de voir disparaître son patron immédiatement après ce vacarme. C'était un garçon bien bâti, mais un peu simple d'esprit et dont les billevesées emplissaient volontiers le cerveau.

Ce qu'il ne devinait pas, d'ailleurs, est le plus malaisé à vous conter, parce que j'entends apporter une grande pruderie dans ces délicates histoires et qu'il m'en coûte toujours de soulever certains voiles sur l'intimité des récréations conjugales, lesquelles sont cependant les plus légitimes du monde.

IV

Il faut bien que je vous narre cependant un détail de ces visites diurnes, si parfaitement permises d'ailleurs, à l'époux par le consentement de la nature et de la loi, lesquelles ne se rencontrent pas pourtant souvent ensemble. J'ai dit que Bernade avait conscience du peu d'attrait de son visage, tandis que le sentiment lui était venu de la beauté qui signalait le reste de sa personne. Aussi, par un raffinement de tendresse éclairée, avait-elle grand soin, quand les trois coups de marteau retentissaient, de se ramener les jupons sur la figure, par une feinte pudeur, et tout simplement pour que rien ne gâtât la joie du bien-aimé. Avouez que l'attention était charmante. Mais à quels dangers nous expose quelquefois le génie ! Napoléon a dû au sien de mourir à Sainte-Hélène, bien embêté par les Anglais ; celui de Bernade fut moins sévèrement puni.

J'ai dit la curiosité de cet imbécile de Pascalou à l'endroit des absences de son maître, absences annoncées par trois coups comme les pièces de théâtre. (Eh! eh! il y en a de plus ennuyeuses que celle qui se jouait dans la forge.) Il avait bien remarqué cependant que le forgeron prenait invariablement le chemin de la chambre de sa femme, mais il ne savait pas pourquoi.

Or, il advint qu'un jour Jean Garrigue eut comme un souffle de paresse qui lui monta de la poitrine. Des camarades buvaient en jouant aux cartes dans un cabaret voisin. Lui qui ne mettait guère les pieds dans ces endroits-là, l'idée le saisit d'y aller faire un tour. Histoire de se distraire un instant, sans en rien dire à sa femme. Sournoisement donc il disparut en prévenant Pascalou qu'il serait absent peut-être durant une heure.

Il n'eut pas plus tôt le dos tourné qu'une obsession véritable s'empara de l'esprit de l'ouvrier. S'il frappait, lui, les trois coups conventionnels et s'il allait voir ensuite! Il aurait enfin la clef du mystère.

Et, machinalement, comme une brute, il souleva, par trois fois, la lourde masse de fer et la laissa retomber. Après quoi, sans bruit, il grimpa l'escalier, et en retenant son souffle, comme un voleur, il entr'ouvrit la porte de la chambre où Bernade était déjà en tenue de combat, j'entends avait ôté sa cuirasse et mis son casque.

Celle-ci crut naïvement que c'était son époux qui entrait, après s'être annoncé comme à l'ordinaire, et ne broncha pas.

V

You! you! you! you! you! comme tout cela est difficile à vous conter décemment, et à la façon de Berquin, mon maître. Très malin, Berquin! il choisissait ses sujets mieux que moi. Il faut bien que j'arrive au bout cependant.

Dans un superbe et trop court poème, Catulle Mendès a montré un lion du Cirque romain venant se coucher aux pieds de la martyre qu'on l'avait chargé de dévorer. Tant la beauté nue de la femme comporte, pour la brute même, de mystérieuses admirations et d'instinctifs respects.

Pascalou n'était pas un lion, c'était bien plutôt un âne. Mais le spectacle qu'il vit ne lui en imposa pas moins une émotion qui ne tourna pas à son avantage.

Car, après avoir immédiatement conçu l'infâme projet de cocufier son patron sans danger, puisque Bernade ne pouvait voir à qui elle avait affaire, il s'en trouva parfaitement incapable et s'alla jeter de gaieté de cœur dans une de ces situations ridicules que Montaigne et Stendhal ont tenté d'excuser dans deux chapitres célèbres (Stendhal a intitulé le sien : *Le Fiasco*). Bernade, qui n'était pas accoutumée à ce genre d'impolitesse, en conçut un dépit épouvantable. Elle demeura voilée, ne dit rien et laissa le malheureux s'enfuir sous le poids de son humiliation. Il fallait que Jean l'eût certainement trompée pour lui arriver dans cet état! Elle méditait des vengeances épouvantables. Elle aussi le tromperait...

Pan! Pan! Pan!

— Eh bien! il a du toupet! pensa-t-elle.

Cette fois-ci c'était bien Jean qui frappait. Jean qui, ayant pris un petit air de gaieté au cabaret, revenait faire le gentil dans son ménage.

Et gaiement, en sifflotant une gavotte comme un roué qu'une danseuse attend, il ouvrit, lui, franchement la porte.

— Vlan!

Un gros soufflet lui tomba sur la joue et la porte se referma violemment sur lui.

— Bon! pensa-t-il, Bernade m'aura vu, par la fenêtre, revenir du cabaret. Je n'ai que ce que je mérite.

Et il redescendit philosophiquement l'escalier de bois, de très mauvaise humeur au fond. Car il n'est jamais agréable de rester sur ce genre d'appétit.

Aussi quand il aperçut Pascalou qui, réfléchissant à sa mésaventure, était là, comme un grand serin, les bras croisés, devant l'ouvrage inachevé :

— Tiens! feignant, lui cria-t-il.

Et il lui repassa la gifle que lui avait confiée sa femme, revue, corrigée et considérablement augmentée par le changement de main.

Feignant! Il ne savait pas si bien dire.

Cette histoire serait immorale peut-être si elle ne prouvait que le châtiment va toujours au vrai coupable et que la Providence fait seulement semblant de se tromper quelquefois d'adresse en frappant, à leur place, les innocents.

COLETTE

COLETTE

I

Le soleil déclinant allume un incendie à l'horizon du gras pâturage, ne glissant plus que d'obliques rayons sous le dôme plus sombre des grandes châtaigneraies. Les ombres s'allongent sur les chemins où flotte une légère vapeur d'or; les hautes herbes ployent sous des souffles naissants, et l'obscure haleine du soir monte de la vallée qu'emplit la plainte lointaine des *Angelus*. Il y a des adieux dans les bruits d'ailes qui meurent au bord des haies, et le vol confus des insectes a je ne sais quoi de désespéré comme un hymne suprême à la lumière et à l'amour. Car le vent des folles tendresses passe aussi dans ce paysage ; nous sommes au printemps où toute sève bouillonne et tend vers l'épanouissement de quelque invisible fleur.

Le troupeau, encore dispersé, les genoux dans la verdure, ne pait plus que d'une langue paresseuse et du bout des dents. Les bêtes aussi se sentent envahies par le recueillement des choses et par le trouble des âmes. Elles se doublent par couples caressants, et le taureau superbe s'est approché de la génisse blanche, mêlant la tiède fumée de son mufle frémissant à la tranquille haleine qui fume au museau de celle-ci.

II

Seul, Lucas, le fils du maître du troupeau, le beau gars de la ferme, ne paraît pas blessé du mal commun. Et pourtant il est assis près d'un talus, là sur le revers, à côté de la mignonne Colette, dans un coin bien ombreux où les tendresses se peuvent dire. Or, Colette, sa sœur de lait, est tout simplement adorable avec sa lourde chevelure blonde, péniblement nouée au sommet de sa nuque et laissant échapper, comme d'une éponge, les filets d'or clair qui courent sur le cou ; avec ses yeux bruns auxquels de longs cils font une ombre bleue ; avec ses petites dents dont l'ivoire est rosé par le reflet vivant des lèvres purpurines; avec les tons d'ambre que donnent à ses chairs les sinuosités solides du marbre. Elle n'a que seize ans encore, mais déjà deux vagues jumelles, sans cesse haletantes, viennent mourir au bord de son corsage et, sous le buste arrondi dont sa robe légère trahit le sculptural contour, les deux hanches s'élèvent, formant un vase harmonieux d'où jaillit une large fleur. Ajoutez à cela l'immense douceur répandue dans toute sa personne, avec un peu de malice toutefois; car au village, comme à la ville, fillette en est rarement dénuée.

III

— Moi, dit Lucas, qui lit beaucoup les journaux, je suis heureux d'appartenir à un siècle où tout homme est une fraction de son gouvernement, et si jamais je pars pour la guerre, ce me sera un orgueil de penser que c'est moi qui m'y envoie par l'intermédiaire de mon député, car l'exercice légal des droits politiques, tels que nous les ont légués nos pères de la Révolution, est certainement le plus bel apanage de l'homme et ce qui le distingue des êtres infimes de la création, lesquels ne votent pas, ne vont pas aux Assemblées soutenir les intérêts de leurs mandants, n'ont pas de budget municipal, ignorent les centimes additionnels, et vivent dans un sordide oubli de tout ce qui élève l'esprit du chrétien et l'âme du citoyen.

Tu m'en croiras si tu veux, Colette, bien que n'étant toi-même qu'une faible femme, et bien que tes pareilles soient communément d'une scandaleuse indifférence à ces grandes idées-là, mais si je plains quelquefois les bêtes de somme ou de pâturage, ce n'est pas pour les coups dont on roue les premières ou l'abattoir où l'on traîne les autres, — tous les êtres sont faits pour souffrir et mourir, — mais parce que l'existence me semble intolérable pour tout ce qui ne vit pas politiquement.

Et, tout en les plaignant, je les méprise, les considérant moins que les atomes eux-mêmes, et comme les vulgaires molécules d'un tout dont le parlementarisme, d'une part, et l'institution raisonnée des vrais principes démocratiques, de l'autre, sont les deux pôles nécessaires, virtuels et primordiaux. Voilà !

Pour moduler cette période, M. Lucas s'était levé et avait ramené sa main gauche dans l'entrebâillement de sa veste, comme il l'avait vu faire à son député quand celui-ci lâchait de ces bourdes-là dans les réunions préparatoires.

IV

— Regarde donc, Lucas.

Et Colette, du bout de son doigt, montrait à son compagnon le taureau superbe qui, ayant posé son fanon large et plissé sur le cou abaissé de la génisse blanche, semblait goûter à ce contact une douceur infinie, ces deux bêtes roulant dans leurs yeux des extases profondes sous la mélancolie dominatrice du couchant.

— Eh bien ! quoi ! elles s'aiment ces brutes-là.

Et le dédain, aussi bien que le dépit, se peignait sur le visage du jeune fermier, fort enragé d'être ainsi interrompu. Il haussa même les épaules avec un air voulant nettement dire : C'est pitié de converser avec de pareilles savates !

Un silence se fit donc. Cependant, tout à coup, Colette, dont la curiosité était piquée au vif :

— Mais, dit-elle, comment le taureau sait-il que la vache l'aime, puisqu'ils ne parlent ni l'un ni l'autre.

— Cette bêtise ! Il sent ça ! répondit Lucas vraiment indigné de l'ineptie de sa camarade.

Et, la quittant de quelques pas, il s'en alla cueillir une branche de coudrier, tout en sifflant l'air du Crédo républicain.

La Nuit, allongeant ses grandes mains d'ombre, à l'horizon, accrochait déjà des perles d'or pâle au diadème de lapis du ciel.

Pas mal trouvé, ça !

V

Les grands chiens au poil mal peigné et aux babouines fangeuses ayant couru aux jarrets des bêtes, celles-ci se groupèrent et le troupeau se remit en marche dans la poussière.

Lucas et Colette marchaient derrière; lui, faisant tournoyer sa baguette de coudrier d'un air satisfait; elle, rêveuse et cueillant, comme jadis Ophélie, des coquelicots.

L'air, tiède encore de la chaleur du jour, avait de pénétrantes langueurs, et les fleurs, avant de se fermer, exhalaient de troublants aromes. Ils traversaient une façon de futaie longeant la route et ouvrant, à leurs côtés, de mystérieuses profondeurs.

Tout à coup, la jeune fille s'arrêta.

— Lucas, fit-elle d'une voix toute émue, tu ne sens pas?

Le gars fit aussi halte et, ouvrant à deux battants son vilain nez de croquant, se mit à renifler bruyamment d'un air capable.

— Moi, rien! fit-il avec autorité.

Alors, la fillette, d'un ton plein de rage contenue où tremblaient des sanglots :

— Tiens! Lucas, fit-elle,... eh bien! tu as beau voter, tu es encore plus bête que le taureau!

CZARDAS

CZARDAS

I

Muse des harmonies sauvages et tendres, tour à tour follement joyeuses et désespérément mélancoliques, dont les Tziganes égrènent, sous les ombrages du bois de Boulogne, les rires et les sanglots; Muse des concerts en plein vent, dont les valses éperdues emportent le rêve au ciel divin des fantaisies, c'est toi que j'invoque en commençant ce récit. Parmi les patries dont je me souviens, sans en avoir jamais foulé le sol, la Hongrie m'est une des plus chères, et ce n'est pas une raison parce qu'un de ses ministres, — superstitieux sans doute, — a mis le pied dans un discours prussien, pour que je me départisse de ma longue tendresse. Ses belles cavales noires aux chevelures dénouées cavalcadent héroïquement dans mon cerveau à l'heure où le hantent des poèmes de guerre et de liberté, et j'aime jusqu'aux hussards mensongers qu'elle nous envoie et dont le violon, tour à tour, chante et pleure dans le bruissement des verres et la dernière haleine des acacias.

Le seul usage que je lui reproche, — et encore est-il aboli peut-être depuis ce temps auquel je remonte, — est celui qu'ont gardé les magistrats de faire appliquer des coups de bâton sur le derrière de leurs contemporains. De tous les châtiments corporels, celui-là me paraît, sinon le plus cruel, du moins le plus ignominieux, et une fessée de cette nature n'est pas pour ramener au bien les gens pourvus de la moindre délicatesse. Si ce n'est pas pour ce visage-là qu'Ovide a écrit le fameux *Os homini sublime dedit*, ce n'est pas une raison pour le traiter avec ce mépris. Des disciples de Darwin affirment que l'homme primitif hésita longtemps entre ses deux faces, et la fable des cyclopes remonte sans doute au temps où il n'avait pas encore fait son choix.

Et maintenant que j'ai dit son fait à la législation tchèque, à cheval, messeigneurs! C'est dans les Carpathes que je vous entraîne dans le vol éperdu des crinières noires qui vous fouettent le visage, tandis que la marche des Rakoczy sonne dans l'air comme un bruit d'éperons et que l'aigle met l'accent circonflexe de ses ailes ouvertes au-dessus des montagnes bleues.

II

Nous y retrouvons deux de nos compatriotes, Michel Ledoux et Thomas Lasnier, tous deux prix de Rome, tous deux transfuges de la villa Médicis et venant chercher, loin du mont Aventin, celui-ci des paysages abrupts et celui-là de farouches mélodies. Car Michel Ledoux est peintre de son état et Thomas Lasnier musicien. *Arcades ambo*, comme dit le doux Virgile, tous deux bons compagnons, ayant du sang gaulois aux veines, — vin bourguignon dans celles de Michel et purée septembrale tourangeaude dans celles de Thomas. Eh! parbleu! ils n'avaient pas mal choisi le lieu de leur promenade pour des gens aimant les bonnes choses de la vie. Les vignes hongroises roulent des perles dans leur or vivant, et nul n'ignore qu'avec notre France ce pays est celui où les femmes sont le mieux faites pour l'amour. Elles ont, en effet, la beauté et le charme, le beau sourire des lèvres qui est fait de la blancheur des dents, et le sourire plus intime des yeux fait de la douceur du regard. Brunes avec cela, avec le vent dans les cheveux et des constellations dans les prunelles. Hospitalières aussi, dit une légende que je ne veux croire qu'à demi. Car, sans cela, nos malles seraient bientôt faites, à nous que tentent les tendresses rapides de l'Inconnu. Nos deux gaillards passaient, sous ce ciel généreux, de beaux jours et des nuits plus belles encore. Volontiers erraient-ils à l'aventure, une façon de besace au dos, et si capricieusement vêtus que les enfants les regardaient avec étonnement. Et ils allaient ainsi de village en village, semant de menues monnaies et des cocus sur leur chemin. Les menues monnaies n'y poussaient pas, mais les cocus y faisaient souche. C'est ce qu'ils appelaient s'occuper du reboisement du pays.

III

Or, il advint que, dans une de ces petites villes où ils étaient venus demander bon logis, bon gîte et le reste, un mari grincheux trouva que le... reste était de trop. Il se fâcha tout rouge, se mit dans une colère de Magyar, et menaça de l'autorité les mauvais ouvriers de son déshonneur. Courageusement, Michel Ledoux et Thomas Lasnier prirent la tangente, comme disent les mathématiciens, — ou, si vous aimez mieux parler comme les ignorants, — de la poudre d'escampette. Le malheur fut que la Hongrie possède une excellente gendarmerie à cheval, un corps d'élite effroyablement dévoué à la défense de la morale et de la société. Nos compatriotes avaient à peine gagné le large qu'un brigadier leur mettait la main au collet. Thomas Lasnier semblait seul compromis dans cette affaire, puisque c'était lui que poursuivait l'indignation d'un époux outragé. Mais le cas de Michel Ledoux n'était pas beaucoup meilleur. En effet, ni l'un ni l'autre n'avait de papiers en règle. Quoi! là-bas aussi, des passeports, comme pour traverser les terres françaises qui se sont données à l'Allemagne avec tant d'entraînement! Mon Dieu! oui. On n'est pas parfait, même dans les pays où le vin est le meilleur et les femmes les plus belles. Ni Thomas Lasnier ni Michel Ledoux n'avait sur soi de quoi prouver son identité. Or, ils savaient que c'était aux vagabonds en particulier que s'adressait le genre de châtiment *a posteriori* dont j'ai parlé plus haut, et chacun d'eux tremblait pour son malheureux séant.

S'il me plaisait de faire l'érudit le moins du monde, je vous apprendrais que le premier magistrat de chaque petite ville, une façon de sous-préfet avec des pouvoirs bien autrement étendus que ceux des nôtres, se nommait le sluhlrichter. Or, le sluhlrichter de l'endroit était un gros petit homme très jovial, qui présidait d'ordinaire à ce genre d'exécution, parce que les contorsions des patients sous la trique le faisaient beaucoup rire et lui facilitaient la digestion. Aussi ne lésinait-il jamais sur le nombre de coups et faisait-il ajouter à la râclée réglementaire quelque petite volée additionnelle. C'est ce qu'il nommait plaisamment : le pourboire. Un homme charmant, d'ailleurs, et qui, dans ses moments perdus, confectionnait une pommade donnant un tel pointu aux moustaches, qu'on crevait un œil à tout coup en se retournant. Ça lui était une autre source de gaieté.

IV

Les deux prévenus attendent que le bon stuhl-richter, qui déjeune encore, se soit constitué en tribunal. Ils apprennent, par une indiscrétion et avec terreur, que le bougre mange immodérément, ce qui nécessitera un long et violent digestif dont leur arrière-train fera les frais. Il y aura certainement un pousse-café et une surincette après le café et la rincette. Et c'est eux qui paieront tout ça. Ce leur est un douloureux sujet d'entretien dans la façon de cachot d'où ils attendent leur sort. Tout à coup, le front de Thomas Lasnier s'éclaire.

— Une idée! fait-il à Michel Ledoux. As-tu là ta boîte à couleurs et tes pinceaux?

— Certainement, répondit son mélancolique compagnon. Mais j'aimerais mieux avoir une lettre de l'ambassade.

— A l'œuvre donc! Tu as remarqué partout, sur les enseignes, dans des niches de pierre, au coin des rues, à l'église surtout, le portrait de saint Patikarus?

— Ce vieux saint à grande barbe blanche, qui a l'air du bonhomme Hiver?

— C'est le saint patron du pays, et tout le monde professe ici pour lui une dévotion extraordinaire. Je m'en vais quitter mon haut-de-chausse, et tu me vas congrûment portraiturer son image à la place où ces mécréants ont l'intention de me bâtonner. Je deviendrai ainsi un objet de sainteté vivant auquel ils n'oseront peut-être pas toucher.

— Eh bien ! et moi ?

— Je ferai de mon mieux pour t'en dessiner un pareil au même endroit.

Décidément, M. le stuhlrichter faisait honneur à tous les plats. Car ils eurent le temps, l'un et l'autre, de se poser réciproquement la pieuse miniature sur leur mappemonde naturelle. La rondeur de l'objet mettait autour du bienheureux une façon d'auréole qui augmentait encore l'impression religieuse du tableau. Ah ! celui de Thomas Lasnier était d'une facture plus brillante que celui de Michel Ledoux. Mais tous deux avaient mis la bouche de saint Patikarus au même endroit. Le verrou fut soudainement tiré, et à peine eurent-ils le temps de réintégrer leurs respectives culottes. Une vraie force armée, composée, cette fois, de quatre gendarmes, les enchaîna dans le prétoire où l'excellent stuhlrichter venait de casser déjà son troisième cure-dents et soufflait comme une otarie sous le poids désordonné des aliments. Ah ! l'instruction du procès ne fut pas longue. Le temps de quelques éructations bienfaisantes.

— Qu'on m'applique à chacun de ces va-nu-pieds vingt-cinq coups de bâton entre la ceinture et les cuisses.

Et le bourreau entra, un vieux homme très robuste encore, qui tenait un gourdin bien attaché au poignet par un cordon de cuir.

— A vous, monsieur, fit gracieusement le juge en

adressant à Thomas Lasnier un sourire qui donnait froid dans le dos.

Le pauvre musicien fut étendu sur le ventre, le long d'une planche; son pantalon lui fut prestement retiré. L'homme rouge releva encore sa chemise, puis recula et souleva sa trique, des deux mains, par derrière sa tête.

V

Mais soudain il s'arrêta, lâcha le bâton de la main droite et fit un grand signe de croix.

— Vas-tu taper, coquin! hurla M. le slulhrichter.

L'homme reprit sa position menaçante, mais le courage lui manqua une seconde fois. Il se resigna de plus belle.

— Misérable! veux-tu cogner!

Le bourreau semblait ne plus entendre. Il était tombé à genoux et baisait dévotement le portrait de saint Patikarus sur le derrière de sa victime.

Le sluhlrichter, furieux, se leva et descendit pour exécuter lui-même la sentence. Mais, lui aussi, fut pris d'un indicible émoi en apercevant l'image du saint. Puis, d'un mouvement subit, il appliqua un énorme soufflet au bourreau!

— Impertinent! lui dit-il, ne sais-tu pas que quand un miracle se fait ici, c'est au sluhlrichter qu'en appartient la primeur?

Et, repoussant rudement le pauvre homme pour prendre sa place, il se mit à genoux à son tour, et, humblement, couvrit de ses baisers officiels le contraire de la devanture de Thomas.

Comme le bourreau pleurait, Michel Ledoux, qui était très bon, laissa spontanément choir aussi sa culotte, releva lui-même sa lingerie, et, s'approchant du piteux vieillard, en se retournant :

— Moi aussi, j'ai un saint Patikarus pour toi ! Il est moins beau que l'autre, mais tu n'es pas du même rang que M. le stuhlrichter.

Le bourreau, en remerciant Dieu, reprit ses dévotions, et ce fut un touchant spectacle que celui de ces deux représentants de la loi, le pouvoir exécutif et l'autre, soupirant leurs oraisons à l'oreille naturelle de saint Patikarus.

QUIPROQUO

QUIPROQUO

I

Sans avoir atteint précisément l'âge de Philémon, M. le chevalier des Haudriettes avait passé la soixantaine, et de beaucoup déjà. Sans ressembler à rien à Baucis, madame la baronne d'Estange n'était pas de beaucoup sa cadette. Le chevalier avait la figure la plus vénérable du monde, le grand air d'un homme qui a bien vécu, et madame la baronne était une petite vieille exquise, toute blanche avec une chevelure crêpelée, et se pouvait comparer à un fromage à la crème saupoudré d'un sucre qui n'a pas encore fondu. Celui-ci avait ce mélancolique accent de ceux qui n'ont plus qu'à se souvenir; la voix de celle-là, au contraire, était faite de notes argentines comme celles des clavecins d'antan. Et tous les deux habitaient deux châteaux voisins dans ce beau pays de Touraine, où les étangs, par la belle saison, sont si bien fleuris de nénuphars qu'à peine l'eau se voit-elle entre leurs larges feuilles, et qu'on dirait une constellation d'étoiles blanches tombées, par lassitude, du ciel. Or, une petite porte seulement, d'un vert très pâle et aux coins rongés de mousse, séparant les deux parcs, il ne se passait guère de jour que l'un d'eux pénétrât pacifiquement sur le territoire de l'autre, et qu'une bonne causerie s'installât entre eux sous l'ombre fraîche des quinconces où le sable menu criait sous leurs pas, soit encore sur quelque banc d'où les moineaux s'envolaient pour leur faire place. Chacun avait ses goûts, voire ses manies : M. le chevalier adorait les dahlias aux collerettes tuyautées comme celles des mignons de cour. Madame la baronne, elle, n'aimait que les roses, et je trouve qu'elle avait joliment raison. Ils s'apportaient l'un à l'autre les échantillons de leurs plus belles espèces, en se défiant et en se disant des madrigaux. D'autres fois, descendaient-ils jusqu'au bord de la petite rivière, et y contemplant leur image, se contaient-ils un peu tristement l'un à l'autre qu'ils avaient été charmants.

Tous deux avaient connu la douceur de l'hyménée et celle de survivre à un être bien avisé. Madame la baronne avouait que son mari lui en avait fait voir de grises, et M. le chevalier confessait qu'il avait été probablement trompé. Et tous deux de s'écrier ensemble : « Ah! si c'était à recommencer. »

Mais les serments des vieux ne doivent pas être pris plus au sérieux que les autres.

II

C'était un temps magnifique d'automne et un admirable coucher de soleil. Les grands bois ondulaient dans la lumière rouge comme la toison d'un fauve blessé dont le sang fumerait dans l'air et sur les eaux, de grandes lames d'or passaient avec un enchevêtrement d'épées qui se heurtent. Autour de ces images sauvages, mille symboles exquis et charmants. Les fleurs se balançaient comme des encensoirs et les papillons aux ailes déjà engourdies semblaient eux-mêmes des pétales vivants qu'un souffle léger fait frémir. Les odeurs des plantes s'aiguisaient, pour ainsi parler, au frisson de la brise, et tout respirait le charme infini des déclins où les choses qui vont mourir épuisent leurs suprêmes coquetteries. Car rien n'est au monde si beau que ces adieux de l'azur, de la verdure, des floraisons et des oiseaux ouvrant leurs ailes pour les lointains voyages.

M. des Haudriettes et madame d'Estange étaient, dans une allée, l'un près de l'autre et demeuraient muets devant ce spectacle, recueillis dans une admiration vague de toutes ces magnificences près de s'évanouir. Une même impression les dominait sans doute. Car, sans se parler, ils échangeaient des regards où ils se lisaient leurs pensées. Et ces regards disaient que la fin du jour n'est pas moins belle que l'aurore, que la fin de l'année n'est pas moins belle que le printemps : qu'il convient de jouir de ces derniers soleils descendant, plus hâtifs, vers l'horizon plus pâle ; qu'il ne faut pas jeter sa coupe avant d'avoir goûté le vin des vendanges nouvelles qui viennent longtemps après les moissons. Puis, comme toujours, dans notre esprit, des choses du dehors ils en venaient à un retour sur eux-mêmes ; de la Nature ils tiraient une comparaison à leur profit ; et leurs yeux se demandaient alors pourquoi ils demeuraient ainsi seuls l'un et l'autre, et si tout ce qui les entourait n'était pas pour leur apprendre qu'il est, après les orages d'été, des tendresses calmes qui ne sont que consolation et repos ; après les naufrages où la passion nous pousse, des affections tranquilles qui sont comme des ports ouverts à la sagesse.

Et ils se contemplaient ; et ils ne se trouvaient si mal ni l'un ni l'autre. Et ils répétaient tout bas leurs noms en ajoutant mentalement : Des Haudriettes est bien, mais d'Estange n'est pas mal. — D'Estange est de bonne noblesse, mais des Haudriettes aussi.

Ce fut, comme il convenait, M. le chevalier qui rompit le premier le silence par ces simples mots :

— Pourquoi pas ?

Et madame la baronne lui répondit le plus simplement du monde :

— C'est ce que je me demandais.

Ils se serrèrent, en se quittant, la main plus fort qu'à l'ordinaire.

III

Quand ils se rencontrèrent le lendemain, comme par hasard, chacun d'un côté de la vieille porte et attendant impatiemment l'autre, ils rougirent comme deux enfants. Et, comme la veille, ils commencèrent par ne se rien dire.

C'est que M. le chevalier avait beaucoup réfléchi. Il s'était tâté toute la nuit. Etait-il encore idoine aux moindres joies du mariage? Qui sait s'il retrouvera, à l'heure du péril, le chemin depuis longtemps perdu? Il se méfiait terriblement de lui-même, et c'est de là que venait la confusion facile à deviner sur son visage.

Et madame la baronne avait aussi passé une veille agitée. Etait-elle encore vraiment capable de plaire et était-il humain d'imposer à un innocent des devoirs au-dessus de ses désirs? Accepter un sacrifice, elle! Elle qui avait été autrefois adulée, suppliée! Oui, mais elle avait, dans ce temps, tous les charmes qui lui manquent aujourd'hui. S'exposer à un affront! Car enfin les plus éloquents se taisent quand ils n'ont rien à dire. Ah! si le chevalier était un homme raisonnable? Que diable, le mariage n'est pas tout entier dans ce commerce de polissonneries! On pouvait bien s'aimer et s'aimer beaucoup, comme deux purs esprits. Oui, mais comprendrait-il ? Ne voudrait-il pas faire le vaillant ? Ne se perdrait-il pas par amour-propre ? Et c'est toutes ces inquiétudes qui avaient mis un nuage, comme les souffles pyrénéens au flanc des montagnes, sur son front couronné de neige. Et, comme la veille, ils s'interrogeaient du regard, sans oser rien se dire.

Ce fut elle, cependant, cette fois-là, qui la première cessa d'être muette :

— A notre âge, fit-elle d'un ton résolu, ce serait tout à fait ridicule.

Et avec une franchise exclusive de toute galanterie, il lui répondit :

— C'est absolument mon sentiment.

Leurs mains se rencontrèrent encore pour une cordiale étreinte. Quand ils se quittèrent, après avoir un instant causé d'autre chose, pour la forme :

— Rien ! n'est-ce pas ? fit-elle.
— Rien.
— Il n'en sera jamais parlé entre nous.
— Jamais.
— C'est juré.
— C'est juré.

Et quand la petite porte verte se referma, les vieilles ferrures eurent un grincement qui ressemblait beaucoup à un éclat de rire.

IV

La cérémonie nuptiale a été tout simplement superbe. Bien qu'on fût en hiver, la petite église du village était pleine de fleurs venues de Paris. Une attention du chevalier. Beaucoup de camélias et pas une fleur d'oranger. Ce que les enfants de chœur chantèrent faux ! L'orgue aussi, dont une averse avait atteint les tuyaux, faisait une déplorable musique. Mais tout cela n'en était pas moins charmant dans une vapeur de benjoin qui n'avait rien de commun avec les myrrhes orientales. Puis on rentra au château des Haudriettes, dont les armoiries avaient été repeintes à nouveau pour cette solennité. Un magnifique repas de venaison, arrosé de vins vénérables, souleva une tempête de vœux et de toasts en l'honneur des nouveaux époux. Un malotru hasarda bien une gaudriole, mais il fut mis prestement à la porte.

Puis on reconduisit les mariés jusqu'au seuil de la grande chambre nuptiale où le même lit à baldaquin, large et bas, le lit d'un aïeul, les attendait. Car il avait été convenu que pour les invités et les gens de la maison on sauverait toutes les apparences. Madame des Haudriettes, qui avait ses habitudes, avait même eu grand soin de faire enfouir sous les draps, à la place qu'elle se réservait, ce qu'on appelle un *moine*, et ce qui, dans les vieilles habitudes provinciales, consiste tout simplement en un fer très chaud, enveloppé d'une serviette, qu'on se met sous les pieds. Cela s'était fait fort discrètement et avant l'arrivée de son mari.

Le bonsoir qu'ils se dirent fut le plus cérémonieux du monde, après quoi ils se tournèrent le dos, en se souhaitant une bonne nuit.

Le chevalier n'avait pas encore commencé la symphonie nasale qui saluait son départ vers le pays des songes, quand il entendit la voix de sa femme lui dire très doucement :

— Mon ami, voulez-vous le fer ?

Comment comprit-il ces mots ? Mais, avec beaucoup de mauvaise humeur, il se pelotonna davantage dans son oreiller.

Un instant après la voix reprenait :

— Mon ami, voulez-vous le fer ? Ça vous réchauffera.

Et cette explication ne lui suffit pas sans doute, car il se mit à maugréer : Oui, joliment ! la vieille mâtine, j'aurais dû m'y attendre !

Puis ses idées changèrent graduellement de cours :
— Au fait ! Pour une fois ! eh ! eh !

Et, comme pris d'une résolution subite, il se rapprocha de sa femme et lui passa même un bras sous le cou. Mais elle le repoussa vivement par une vraie ruade.

— Oui, je sais, pensa-t-il. Un brin de coquetterie !

Et il voulut récidiver sa familiarité, en l'accentuant encore. Mais, cette fois-là, il reçut un énorme soufflet.

— Homme sans foi! lui criait la voix indignée de la petite vieille.

Et il se le tint pour dit, en concluant *in petto* : Décidément, les femmes sont les plus capricieuses du monde.

MERCEDÈS

MERCÉDÈS

I

C'était une grande joie dans la maison toute fleurie d'orangers, sous la lumière d'or que tamisaient d'immenses stores tendus jusque dans la vaste cour, où leur ombre rayait le jaune brûlant de soleil du pavé. C'était une grande joie et un grand bourdonnement de guitares avec des rires de castagnettes et des refrains qui semblaient se heurter dans le vent. Et les mules elles-mêmes, superbement caparaçonnées, piaffaient gaiement devant la porte, secouant le vol des mouches à leurs oreilles de velours, tandis qu'un grand ciel d'un bleu sombre comme le lapis, était comme déchiré de blessures saignantes, au-dessus des têtes, par les arêtes de briques des toits moutonnant comme un troupeau dont les bêtes se grimpent les unes aux autres. Ollé ! Ollé ! c'était un grand hoquet d'outres qu'on débouche, un bruit de verres se choquant, une musique endiablée de propos galants et de chut! que faisaient les femmes en se cachant derrière leur éventail. Et la grande poésie des choses descendait sur cette félicité des hommes, goûtant le rapide oubli de leurs mots et l'insouciance du lendemain. Ollé ! Ollé !

C'est qu'on ne marie pas tous les jours, même à Vittoria où les femmes sont divinement belles, une aussi jolie fille que Mercédès y Papillos, jardin de roses en boutons fait de seize printemps ajoutant leurs floraisons les unes aux autres, une merveille de grâce adolescente et de plastique fermeté, un trésor d'amour dont nul n'avait encore la clef. Mais cette clef on la devait remettre, le soir même, à Don Alonzo Buenretiro, et on venait de la faire bénir à l'église. J'entends qu'on sortait de la chapelle où les fiancés venaient d'être unis à travers une grande musique de psaumes et sous la fumée bleue des encens. Et Canonigo de Las Pezuelas, le vénéré chanoine dont la voix vibrait de San Sebastian à Cadix et de Murod (Galice) à Carthagène, avait prononcé une homélie qui avait fait pleurer le bedeau lui-même sous son collier d'argent. Puis on avait traversé la grande place pleine d'enfants et de curieux et tout le monde avait envié le bonheur du nouvel époux en admirant l'air pudique de l'épousée qui semblait une Vierge descendue de quelque saint tableau et portant encore au front un rayon d'auréole près de s'évanouir.

Eh ! mon Dieu, c'était bien un peu cela !

II

Serez-vous beaucoup plus avancés quand je vous aurai dit que Mercédès avait une admirable chevelure noire remontant de la nuque sous le peigne, comme le casque de Minerve sous son symbolique et nocturne oiseau; qu'elle possédait encore deux beaux yeux noirs comme les airelles et veloutés comme deux fruits sauvages; que sa bouche était comme une grenade entr'ouverte dont les pépins seraient des perles ; que les grâces de son corsage s'arrondissaient délicieusement sous l'immatérielle caresse du désir; que ses mains avaient des souplesses d'ailes de colombe ; que ses hanches... Et non ! vous n'en serez pas plus avancés, puisque, soit dit sauf votre respect, ce petit chef-d'œuvre de beauté et de charme n'est pas pour votre fichu nez.

Alonzo Buenretiro le méritait-il mieux que vous ? Pas davantage. De tels régals devraient être réservés uniquement aux poètes lyriques et aux dieux. Don Alonzo était tout simplement un honnête caballero d'excellentes façons, brave et paresseux comme tous ceux de sa race, roulant à merveille les cigarettes entre deux doigts et vivant d'une tasse de chocolat jusqu'à midi. Tout cela n'est pas assez pour constituer à quelqu'un une personnalité brillante, même *tra los montes*.

Mercédès y Papillos l'aimait-elle ? Elle n'en savait rien, ni moi non plus. Et que peuvent donc savoir les jeunes filles de ce qui leur sera une joie ou une torture, l'enchaînement éternel d'une seule tendresse ou le gouffre des désillusions à venir. Mercédès avait été élevée, d'ailleurs, dans des conditions particulières d'innocence et de sévérité, dans un couvent dont la supérieure, sœur Ingaklister, avait une grande renommée d'austérité. Aussi, son ignorance des choses de la vie dépassait tout ce qui se peut imaginer. Orpheline, elle avait grandi, comme un lys, sous le souffle des cantiques, et rien ne se pouvait imaginer de plus pur que son âme, même l'eau des sources où se mire, sous les mousses à peine éveillées, le premier soleil d'avril.

III

C'est donc au grand-père et à la grand'mère de Mercédès, deux vieux infiniment respectables et comparables à deux pets de nonne bien saupoudrés de sucre, tant ils étaient rondelets, ratatinés et blancs des farines de l'âge, qu'est échu le soin de donner à la nouvelle mariée les dernières instructions, le *vade mecum* de l'épousée dans ce voyage mystérieux des noces que les jeunes filles commencent sans en connaître le but. Pour cela, les braves gens se sont-ils assis dans un coin du salon, Mercédès entre eux deux et les écoutant les yeux baissés, tandis que les rotas tourbillonnent dans le grincement des mandolines et que les galants s'empressent, en tout bien tout honneur comme il convient dans le monde, autour des belles dont les épaules ont de fines odeurs de rosée. Et les vieux jabotent, jabotent tout bas. Ont-ils fini leur petit discours? A peine, je crois ; mais Mercédès s'est subitement levée et les deux mains sur ses mignonnes oreilles, comme pour n'en pas entendre davantage, s'est enfuie vers sa chambre, comme une biche effarouchée qui regagne son taillis profond. Ce mouvement précipité n'échappa à personne et chacun en tira un augure à sa façon. Le mari, lui, cet imbécile de Don Alonzo en conclut, sans hésiter, que cette impatience de la mariée était tout ce qu'il y avait de plus flatteur pour lui, et il se mit à rouler orgueilleusement sa cigarette avec autant de solennité que s'il avait eu la colonne Trajane entre le pouce et l'index. Il frisait sa moustache de l'autre main, et, ne tenant pas lui-même en place — car il était sincèrement amoureux — répondait de travers à tous les compliments. Il avait bien la tête à ces billevesées ! A deux pas, dans un instant ! Elle l'attendait la belle farouche dont sa constance avait lassé les dédains ! Elle achevait, pour le recevoir, de dépouiller sa virginale toilette et les mousselines de son voile, détaché de son front, couraient déjà sur le tapis, comme ces buées d'automne qui caressent le velours des gazons. Et toutes les grâces délivrées de son être s'épanouissaient en bouquet dont le parfum l'enivrait d'avance. Enfin, les invités commencèrent à lui laisser le champ libre. Sans attendre que le dernier fût parti, il monta sournoisement jusqu'à la chambre nuptiale et cogna, timidement d'abord, à la porte, puis un peu plus fort, mais inutilement encore.

Un soupçon terrible lui traversa subitement l'esprit. Ne serait-elle pas là? Dans ce pays d'aventures et d'enlèvements tout est à craindre.

Il redoubla ses coups, et une voix finit par lui répondre, la voix délicieuse de Mercédès, qu'elle ne lui ouvrirait jamais, à lui ni à personne.

IV

Il redescendit très courroucé et requit les deux vieux de ramener leur petite fille au sentiment du devoir professionnel. Les deux vieux, à qui ce spectacle avait rendu un peu de jeunesse, se trouvèrent fort dérangés de sa visite et le reçurent fort mal. Mais il insista, et, en maugréant, —Madame surtout qui n'était pas encore sûre de se retrouver à pareille fête, — ils se relevèrent et s'en furent heurter aussi à l'huis de Mercédès, qui leur répondit absolument de la même façon. Sa résolution était inébranlable : elle n'ouvrirait de la nuit, à personne! Don Alonzo commençait à s'arracher les cheveux. Les autres parents furent réveillés, et un conseil de famille en bonnets de coton et en serre-tête de toile commença, très sérieux et très comique. Différents ambassadeurs furent envoyés à la récalcitrante, qui les éconduisit tous avec la politesse due à leur caractère diplomatique, mais en leur répondant comme elle avait fait déjà.

C'est alors qu'on prit une résolution suprême. Faire appel aux sentiments religieux et de soumission évangélique de l'élève de la sœur Ingaklister. Le vénérable chanoine El Canonigo de las Pezuelas avait reçu l'hospitalité dans la maison. On avait hésité jusqu'ici troubler son apostolique sommeil ; mais lui seul pouvait vaincre cette résistance obstinée, et Don Alonzo commençait à menacer de se brûler la cervelle. Il est vrai qu'il était de ceux à qui un pistolet de salon suffit pour cette opération.

El Canonigo sauta dans sa douillette et, la fermant comme une soutane, fit ce qu'on lui demandait. Mais à lui aussi Mercédès refusa absolument d'ouvrir.

Alors, avec autant d'onction que de sévérité dans la voix, persuasif et terrible tout ensemble, insinuant et menaçant à la fois :

— Mercédès, lui demanda le saint homme, refuserez-vous de me dire, même en confession, la raison de votre conduite ?

Elle hésita un instant.

— Soit, mon père ! en confession, finit-elle par répondre.

Et, lentement, après avoir réparé sa toilette nocturne, elle ouvrit la porte.

Comme le Padre de las Pezuelas l'interrogeait :

— Mon père, fit-elle, on vient de me dire ce qui m'allait arriver et en quoi consistent les droits sacrés du mariage. Je vous en fais juge ! Vous voyez ce lit. On vous y pousse ; on vous y couche ; on vous y prend…

— On vous ! on vous ! on vous ! interrompit le chanoine en se levant avec beaucoup de dignité froissée, pardon ! mademoiselle. Pas à moi !

LE MYSTÈRE

LE MYSTÈRE

I

C'était bien le type achevé du médecin de petit théâtre que ce joli docteur Ventemizet, rondelet, dodu, portant beau, tortillant de l'échine comme un roitelet, souriant et n'ayant pas son pareil pour dire : « Bonsoir mignonne ! eh bien ! petite, ce bobo ?... na ! na ! nous vous guérirons, mon petit chat ! » et tout cela d'un ton entendu, avec un air de protection douce. Aussi les artistes dames qui portaient, en maillot, le drapeau des Folies-Richelieu (un peu confondu avec la Comédie-Française) adoraient-elles cet homme aimable et qui ne leur ordonnait jamais que des bonbons. Et le joli docteur Ventemizet s'en donnait à cœur joie de ce bel état de pacha que sa profession lui avait faite. Car il était de ceux pour qui les femmes de théâtre ont un prestige que j'ai rarement compris. Je n'aimerais généralement pas à coucher avec les héroïnes qu'elles incarnent. Je trouve Camille et Iphigénie un peu marquées pour mes goûts personnels. D'autres naïfs, qui ne s'adressent pas aussi haut, sont convaincus que les femmes qui montrent publiquement leurs jambes sont celles qui les ont les plus belles. C'est une profonde erreur et je m'en suis toujours bien trouvé d'avoir compté plutôt avec la Nature qu'avec les mensonges du caleçon rembourré. Il y a aussi la célébrité de ces personnes qui, pour beaucoup, est un attrait. C'est une façon particulière de comprendre les délices mystérieuses de l'amour. Si je parlais aussi librement que le personnage de Molière, je dirais que les délicats n'aiment pas à laisser renifler leur soupe par tout le monde avant d'y goûter. Mais mon humble avis n'est pas en jeu dans cette affaire. Bien qu'il eût une femme charmante, le sieur Ventemizet n'en mordait pas moins à pleines dents, à toutes les pommes de Carton que les Eves du dédit lui tendaient, à lui et à bien d'autres encore. Seule la superbe Herminia lui avait refusé jusqu'au moindre pépin de ce fruit d'accessoire. Et il n'en était que plus véhémentement féru de la belle Herminia.

II

C'est que celle-ci, bien que pourvue d'un engagement lui assurant, par mois, trois cents francs qu'elle ne touchait jamais, avait cru devoir appeler, à la rescousse de sa carrière dramatique, une autre carrière qui s'apprend également souvent au Conservatoire. Son protecteur actuel était un certain baron de Belleveyssières, qui jouait les gros financiers dans son lit, mais qui avait le travers d'être prodigieusement exclusif et jaloux. Ce gentilhomme, encore dans la force de l'âge, bien de sa personne et fort généreux de toutes les façons, n'entendait pas qu'on braconnât dans ses terres. Aussi y faisait-il bonne garde. Mais là, que peuvent toutes les défiances du monde en pareil cas? Ventemizet ne s'était pas rebuté. Il poussait des soupirs à ressusciter les moulins à vent sur les buttes Montmartre. Il roulait des yeux de castor mourant. Il toussotait comme un de ces bons faux phytisiques qui attendrissent si bien les femmes sensibles! La belle Herminia n'avait pas le cœur d'un roc. Presque toutes les belles filles sont de bonnes filles. Elle consentit à recevoir le langoureux docteur à une heure où son amant était généralement au cercle. Ventemizet arriva, ivre de joie. Il en était déjà aux bonnes feuilles, comme on dit en langage d'imprimeur, de son roman d'amour, quand soudain, crac! monsieur de Belleveyssières fait une entrée bien inopportune. Le coup de pied qu'il envoya au derrière du praticien fut d'autant plus douloureux à celui-ci qu'il avait retiré la cuirasse de laine que nous avons coutume de porter à cet endroit. Et ce ne fut pas tout : une belle envolée de gifles fut le commentaire de cet axiome par action. Sous cet orage, le malheureux médecin rassemblait, tant bien que mal, ses frusques éparses. Une dernière impulsion l'envoya rouler en tournoyant dans l'escalier.

— Et nous nous reverrons ! lui criait l'amant outragé.

— Que peut-il avoir encore à me dire ? pensait Ventemizet, quand la porte fut retombée lourdement sur ses talons.

III

Il était encore dans un état d'émotion extraordinaire quand il rentra chez lui. Ses dents claquaient ; il tremblait de tous ses membres ; il était pâle comme un mort.

— Ça, qu'avez-vous, mon ami ? lui demanda la bonne madame Ventemizet.

— Rien ! rien ! fit-il, Une opération très dangereuse que j'ai faite et qui m'a impressionné horriblement.

— Que vous êtes bon, Agénor, d'être resté sensible ainsi dans un état qui rend si durs presque tous vos confrères ! Et avez-vous réussi, au moins ?

Le docteur soupira : oui !

— Et c'était peut-être à une femme ?

— Oui, à une femme, fit avec componction Ventemizet.

— Comme vous avez dû souffrir dans le moment !

— Moins qu'à présent. C'est surtout le contre-coup qui m'éprouve.

— C'est souvent ainsi. Et elle criait, la malheureuse ?

— Elle ne disait absolument rien.

— Faut-il que vous soyez adroit, Agénor ! Et cela dura longtemps ?

— Non ! pas trop !

— Il n'y a vraiment que vous pour être aussi prompt et résolu !

Puis se penchant, câline, à l'oreille de son mari :

— Mon petit Agénor, lui dit-elle, pardonne-moi d'être si curieuse. Mais dis-moi, je t'en prie... Non ! conte-moi cette opération.

— Oh ! oh ! oh ! oh ! fit Ventemizet. Et le devoir professionnel ?

C'est au devoir professionnel du mari et non du médecin qu'il pensait sans doute. Madame Ventemizet insista. Elle promit d'être bien gentille. Mais Ventemizet fut inflexible.

— Méchant ! lui dit-elle.

Et elle ajouta :

— Hein ? vous n'auriez pas envie de recommencer maintenant ?

— Qui sait ? dit philosophiquement Ventemizet.

— Ah ! quel homme vous êtes ?

Et Ventemizet, un peu remis de son émoi, prouva bien en effet qu'il était l'homme qu'elle disait.

IV

Cette femme avait vraiment, pour son mari, un enthousiasme touchant et extraordinaire. Le lendemain, à toutes ses amies, elle avait dit: « — Ma chère, mon mari a réussi hier une opération que personne n'avait osé tenter avant lui. Il a failli en mourir! » Les amies contèrent la nouvelle à leurs maris qui partagèrent leur curiosité. Ventemizet ne ne pouvait plus faire un pas dans un salon sans qu'on le félicitât. Il répondait avec une modestie qui lui faisait plus d'honneur encore: « Eh bien! quoi! on savait son métier! voilà tout. » Et il prenait un air de bon enfant d'homme de génie. Quelle excellente réclame est pour son mari une femme vraiment croyante et dévouée! Ventemizet devenait terriblement célèbre. Au théâtre seulement, où l'on connaissait l'aventure, on en riait à se découdre les boutons invisibles et naturels du ventre. Les rates se gonflaient et se dégonflaient comme des soufflets de forge. Cet excellent baron avait pardonné à la belle Herminia, mais celle-ci n'en avait pas été plus discrète. Une femme met toujours une certaine fierté à avoir trompé un homme magnanime. Le Ventemizet était ouvertement blagué. C'était une revanche aux admirations qui l'accueillaient dans le monde et demi (car il fréquentait la meilleure société) où il faisait le savant.

Cependant madame Ventemizet était restée sur sa curiosité en éveil. Quelle pouvait bien être cette délicate opération qui avait mis son mari en pareil état? Elle interrogeait sournoisement celui-ci, puis celui-là, hors à ceux à qui le docteur aurait pu faire une confidence. Elle s'adressa enfin au vieux professeur de Ventemizet, le grave docteur Pécoulé, membre de l'Académie de médecine, un sexagénaire aimable et qui, courant aussi quelque peu les coulisses, avait su l'histoire par le menu.

— Agénor ne vous a rien conté? lui demanda-t-elle.

— Si fait, ma chère madame Ventemizet.

— Et vous ne voulez pas me dire ?

— Le secret professionnel me le défend. Car il est contagieux comme beaucoup des maladies que nous donnons.

— Mais vous, cher monsieur Pécoulé, cette merveilleuse opération seriez-vous en état de la faire?

— Non, madame, plus aujourd'hui, répondit le vieillard avec une mélancolie très simple et très douce.

Et la bonne madame Ventemizet, plus glorieuse encore, de s'écrier partout :

— Vous ne savez pas! Eh bien! cette opération qui fait la gloire de mon mari, son professeur lui-même, le grand Pécoulé, ne serait plus capable de la faire?

O natures enthousiastes que nous sommes, quelle exagération nous apportons dans nos jugements!

SUSCEPTIBILITÉ

SUSCEPTIBILITÉ

I

— Eh! bonjour, Néovan!
— Eh! adieu, Troussecote!
— Vous allez, comme moi, à Montélimar?
— Non, plus loin! Mais nous pouvons faire route ensemble jusque-là et y manger un nougat au passage.
— Passez donc.
— Après vous, s'il vous plaît.
— Pourvu qu'on nous laisse seuls dans ce compartiment!

— Oh ! presque tout le monde est déjà monté dans le train et ce serait une bien mauvaise chance qu'on nous vînt déranger.

— Permettez-moi donc de vous offrir un cigare.

— Volontiers ! A mon tour, je vous ferai goûter un des miens.

Ce dialogue, peu lyrique, mais qui a l'avantage de préciser nettement les faits, avait lieu sur le quai d'embarquement de Valence, à l'heure du départ de l'express. Ceux qui parlaient ainsi étaient un pharmacien de la ville et le percepteur de l'endroit. Subtils comme des renards, vous avez deviné déjà que c'était l'apothicaire qui s'appelait Néovan et le collecteur d'impôts Troussecote, grands amis, d'ailleurs, honnêtes bourgeois d'un âge déjà respectable l'un et l'autre, de même morale épicurienne et ne différant guère que par le physique. Pour les peindre en quelques lignes, le percepteur avait tout l'air d'un ancien sergent-major qu'il était, pourvu d'un bel embonpoint, avec une moustache grise hérissée comme celle d'un chat. Le pharmacien, au contraire, dessiné en saule pleureur, avait au premier abord l'aspect un peu mélancolique, maigre, sous une chevelure trop longue qui promenait des mèches jusque sur ses yeux.

Tous les deux aimaient également le beau sexe et jouaient agréablement à la manille, en bons provinciaux.

Et vous auriez vu un bien-être singulier se peindre sur leurs visages, quand la portière ayant été refermée au verrou, ils se crurent assurés qu'aucun importun ne les viendrait troubler dans la dégustation de leurs tabacs respectifs. Ils échangèrent gracieusement du feu, se blottirent chacun dans un coin, se pelotonnant comme des chats, et ils lancèrent voluptueusement en l'air de grosses bouffées blanches, comme s'ils eussent voulu rivaliser avec la locomotive qui emplissait l'embarcadère de ses fumées rythmiques et empanachées.

Tout à coup une femme vint frapper au carreau de la salle d'attente dont on avait déjà refermé la porte. Elle suppliait qu'on la laissât partir. Un employé eut pitié d'elle. Il lui ouvrit et elle bondit sur le trottoir, se rua à la portière du wagon, entra comme une bombe dans le compartiment de nos deux amis et s'y laissa tomber sur les coussins, haletante et comme épuisée par la course qu'elle venait de faire.

Au même instant un coup de sifflet retentissait et lourdement, comme à regret, le train se mettait en route avec un bruit de ferraille et un cahot sur les plaques obliquement zébrées de bandes jaunes par les rayons d'un soleil déclinant.

II

Néovan et Troussecote étaient des gens bien élevés. Celui-ci n'avait pas son pareil pour vous remettre un poison avec autant de solennité qu'en met un prince à décorer un héros de sa main, et celui-là avait une façon de rendre la monnaie aux contribuables qui donnait aux simples sous la valeur morale de pièces de quarante francs. Au demeurant, chacun des deux savait bien son devoir dans le monde. Tous deux avaient donc jeté, en même temps, leur cigare, dès que cette dame eut envahi leur thébaïde à deux, mais non sans un regret au fond duquel était un louable sentiment d'économie.

Ce regret égoïste s'amortit bientôt à l'inspection de la nouvelle venue. Il est certes fort agréable de fumer, mais regarder de près une jolie femme est une occupation que les délicats préfèrent encore. Or, la nouvelle venue était charmante et leur apparut telle, surtout quand, avec l'adresse familière aux femmes, elle eut réparé, du bout de ses jolis doigts, le désordre de sa toilette. Alors nos deux roquentins purent-ils s'apercevoir qu'elle avait les plus jolis yeux du monde sous leurs longs cils, que l'ovale de son visage était d'une grâce parfaite, que sa chevelure épaisse était du plus beau noir du monde, et que son nez était d'un dessin tout à fait classique et harmonieux. L'abandon de sa première pose lassée leur avait immédiatement révélé, d'ailleurs, que les charmes de son corps répondaient à ceux de sa figure. Le noble relief des seins haletants sous la mousseline humide, et la belle saillie des hanches dans l'attitude presque couchée qu'elle avait prise d'abord, n'avait pas échappé à leur admiration; et, non plus, la rondeur du mollet, sur laquelle la jupe s'était comme plaquée, voire l'abondance voluptueuse des cuisses que trahissait la même légèreté de l'étoffe tendue dans l'imprévu du mouvement.

Troussecote avait doucement passé le bout de sa

langue le long de sa moustache, ce qui lui était une occupation accoutumée quand quelque spectacle alléchant lui passait devant les yeux, et Néovan s'était gratté le nez avec l'ongle du petit doigt, ce qui lui était une pantomime personnelle quand son regard se trouvait régalé par quelque tableau.

C'était tout simplement une créature parfaite au physique que cette jolie intruse. Il n'était qu'un point sur lequel ils n'étaient pas encore fixés. Avait-elle de belles dents? L'écrin était charmant et du plus beau velours grenat, mais qu'en valaient les perles?

La dame était restée muette; aux quelques mots de banalité polie dont ils l'avaient accueillie, elle avait répondu simplement par des signes de tête. Impossible de lui faire même entr'ouvrir la bouche. Ah! quel mystère deux lèvres closes peuvent cacher. Ainsi pensaient, sans s'en rien dire, Troussecote et Néovan.

III

Au moins, pourrait-on essayer de la faire sourire! Le pharmacien s'y appliqua par quelques plaisanteries gracieuses sur les anciens privilèges de sa charge au temps de Molière. Mais la dame ne parut que médiocrement goûter ce sujet délicat. Alors, le percepteur fit, sur sa profession, quelques calembours tirés de son propre nom et qui avaient toujours beaucoup diverti les habitués de son café à Valence. Son succès ne fut pas plus grand. Loin que les frais qu'ils faisaient rendissent leur voisine de meilleure humeur, elle n'en semblait que plus renfrognée. De visibles mouvements d'impatience agitaient ses mains et ses pieds avaient le petit tressaillement nerveux qui est souvent chez la femme le prélude d'un orage. Bientôt un réel chagrin se peignit sur son beau visage, une façon d'angoisse contenue.

— Messieurs, fit-elle tout à coup d'une voix sans onction, la première station est-elle voisine.

Elle avait les plus jolies dents qu'on pût rêver.

— Cinquante et un kilomètres à faire encore, madame, répondit Troussecote qui, en homme de chiffres, connaissait à merveille tous ces numériques détails. Et il lui répondit cela avec la douceur d'un madrigal dans l'accent.

La dame fronça les sourcils et haussa les épaules, pour se ratatiner dans son coin.

Mais bientôt elle ne put décidément résister au démon qui l'agitait. Car elle commença de se frictionner le ventre en dessous avec ses mains gantées, puis de soulever les jambes l'une après l'autre, comme quelqu'un qui n'y tient plus.

Troussecote et Néovan eurent, en même temps, un soupçon terrible et destructeur de toute poésie.

Ils se trompaient, au moins sur l'importance de la désillusion.

IV

— Messieurs, leur dit enfin une voix suppliante, retournez-vous un instant, je vous en prie ! Vous m'excuserez, mais j'ai dû partir à la hâte, sans prendre aucune des précautions les plus nécessaires. Vous avez vu comme j'ai couru pour arriver à temps. Enfin, je n'y tiens plus. Pardon !

— Faites, madame ! répondit solennellement Troussecote en faisant face à la glace comme pour regarder le Rhône qui promenait par la campagne incendiée de lumière, la fraîcheur perfide de ses eaux. Et, en même temps, vis-à-vis de lui, Néovan effectuait la même évolution et semblait merveilleusement attentif à la fuite des buissons que penchait un léger mistral et qui emportait, dans leur course à l'envers de celle du train, l'innombrable chanson des cigales.

Ce : Faites, madame ! un peu sec avait-il blessé la délicatesse naturelle de l'étrangère. Mais ce fut d'un ton presque fâché qu'elle reprit vivement :

— Oh ! ne vous alarmez pas tant que cela, messieurs, et ne faites un si grand effort de résignation ! Il ne s'agit que de la petite chose et j'aurai soin que vous n'ayez pas les pieds mouillés.

Ils entendirent, en effet, le bruit du tapis qu'elle relevait de son côté, puis le délicieux tressaillement des jupes qui s'écrasent, et, malgré eux, l'imaginant dans la posture indiscrète qui devait révéler bien des choses, ils regrettèrent vivement que la bienséance ne leur permît pas de se retourner.

Etait-ce le Rhône qui susurrait au dehors ?

Toujours est-il que le murmure humide se tut tout à coup. Mais un bruit inattendu lui succéda, un bruit caractéristique et dont il est malaisé de parler en bonne compagnie. Cela m'est arrivé cependant quelquefois dans la vôtre. Bah! une fois de plus! Eh bien oui! c'en était un! Et un crâne, impétueux, tonitruant, impertinent à l'envi, tenant plutôt du canon que de la flûte, éolien à la façon non pas des harpes mais des ouragans, digne d'avoir été conçu à Soissons et entendu par Panurge qui s'y connaissait, ronflant comme un orgue, subit comme la foudre, et ayant l'air de dire : Eh bien! na! si vous n'êtes pas contents, je m'en fiche!

Troussecote et Néovan n'étaient pas de ces ridicules gens que ces expansions joyeuses et naturelles indignent, qui renient cette source éternelle de la gaieté gauloise, faux purs esprits, silencieux élucubrateurs de poisons lents, renieurs de leurs propres exploits, et maudits, de toute éternité, par le dieu Crépitus, qui est celui des rudes franchises et des militaires artilleries. Tout simplement s'esclaffèrent-ils de rire, cachant leur bouche dans leurs mains pour étouffer cette explosion de joie innocente, presque muets par la volonté, mais le dos secoué par de véritables convulsions, tant ils prenaient de peine pour se retenir. Un temps moral s'étant écoulé pour que la dame ait pu reprendre sa place et la dignité de son attitude de voyageuse, ils se retournèrent enfin ; mais, malgré eux, un rictus tordit encore leurs lèvres serrées. Pourtant la dame, elle, ne riait pas, et, d'une voix que saccadait la colère :

— Si j'avais pu supposer, messieurs, que ce que j'ai fait pour me sécher plus vite vous parût si ridicule, c'est vous que j'aurais priés de me souffler dessus.

L'AMBITIEUX

L'AMBITIEUX

I

C'était durant une de ces bonnes causeries d'atelier qui ne sont possibles que chez les artistes, sur de larges divans où l'on est plutôt couché qu'assis, une cigarette aux doigts, un verre à la portée de la main, quand on disserte gravement, en philosophes, sur la beauté de la femme, non pas en adolescents curieux ou en vieillards grivois, mais en admirateurs passionnés et sincères, avec des préoccupations d'esthétique, de sérieux aperçus plastiques ; en un mot comme il convient de traiter le plus grave sujet qui soit au monde.

— Et vraiment, me dit le peintre Castel-Mizet qui excelle dans le genre, la Vénus Callipyge est un idéal pour vous ?

— Absolument, lui répondis-je. Ce n'est pas un idéal, c'est l'idéal. Mais encore faut-il que je le définisse pour vous. C'est, chez moi, enthousiasme pour les proportions et non pour la quantité. Ce n'est qu'au temps de la jeunesse qu'on choisirait volontiers ses maîtresses sur une bascule. Je suis de goût plus raffiné maintenant, et le poids n'est plus mon *ultima ratio*, pour parler comme les rois. Mon rêve a pris corps et j'ai conçu mon type absolu dont je ne démordrai pas. Si j'eusse été Pâris, ce qui me vieillirait diablement, j'eusse donné la pomme à celle qui, sous un buste et des épaules guère plus développées que ceux d'une jeune fille, m'eût gardé la surprise d'une invraisemblable assise s'élargissant encore des hanches à la base en un développement charnu, envahissant, impertinent et impossible à prévoir.

— Le prince Ali-Bouzor était absolument de votre avis, me dit le médecin Éconard Mac Ekett que vous aimeriez comme moi si vous le connaissiez, un des savants les plus modestes que je sache et qui a fait le tour du monde quatre fois.

— Le prince Ali-Bouzor ? ce bel Oriental qui s'est marié en France il y a un an et qui possédait, paraît-il, la plus grande fortune des deux continents ?

— Celui-là même et c'est précisément l'histoire de son mariage que je vous veux conter pour clore cette mirifique dissertation sur le séant féminin, source de toute joie, lune descendue sur la terre comme au temps d'Endymion, gloire de notre argile natale, splendeur du marbre vivant, patène aux baisers païens, idole éternelle dressée devant nos hommages.

Conticu... assez de latin! nous nous tûmes pour écouter et nous n'y perdîmes pas notre temps.

II

— Ce prince exquis et monstrueusement opulent avait conçu de la femme le même idéal que vous, mon doux Silvestre, et, comme sa fortune était beaucoup plus considérable que la vôtre, il était résolu à ne prendre pour épouse qu'une demoiselle le réalisant d'une façon absolue. Vous me direz qu'il n'avait pas besoin de sortir de chez lui, puisque les Orientales sont renommées pour leur postérieure abondance et la naturelle copiosité de leur autre côté du rein. Certes; mais ce n'est, chez elles, qu'une conséquence de l'embonpoint général et l'on n'y trouve pas le contraste que je signalais plus haut. De plus, elles sont bêtes comme des oies grasses, et Ali-Bouzor voulait, dans sa vie, une compagne qui ne lui fît pas décrocher la mâchoire à bâiller. C'est donc en Europe, où seulement l'esprit des femmes est l'objet de quelque développement, qu'il effectua ses recherches, fort bien secondé par son gouverneur, le Milanais Vessalani, qui était bien un des plus aimables ruffians de la péninsule.

Grande déception en Angleterre. Toutes ces belles filles blondes pourraient s'asseoir dans un dé à coudre, ce qui est d'ailleurs un mauvais procédé pour faire un ourlet. Leur *shoking* était d'ailleurs un obstacle à la sincérité des expériences du bon musulman. Il put cependant se convaincre que toutes ces misses charmantes se pourraient faire une jupe d'un parapluie, ce qui n'est pas encore un moyen de protéger son chapeau des ondées.

L'Allemagne lui parut plus désastreuse encore. Cette merveille de modelé ne se taille pas avec une serpe, instrument avec lequel les Gretchens ont été seulement dégrossies. Trop grossièrement équarries ces compagnes des fumeurs de pipes en porcelaine. Il y en a beaucoup, soit! Mais il y en a partout. C'est par la répartition qu'elles pêchent. Ali-Bouzor en conclut sagement que c'était dans la race latine seulement qu'il trouverait le trésor qu'il cherchait, ce tant précieux recueillement des chairs en deux hémisphères égaux et le repos majestueux des formes dans un suprême épanouissement.

L'Espagne et l'Italie lui offrirent quelques beaux modèles. Mais il rêvait un au delà et la France l'attirait comme la mystérieuse et immortelle patrie de son rêve lunaire, comme la terre élue d'un de ces glorieux pétards qui font déborder les cœurs d'enthousiasme et éclater les bras des fauteuils étonnés.

III

La nature de ces recherches était scabreuse en diable. Le prince se méfiait des mensonges de la toilette et il n'est pas fort aisé de surprendre, dans la sincérité native, la structure des jeunes filles du vrai monde, le seul où Ali-Bouzor se pût décemment marier. Son habile intendant et majordome amoureux Vessalani avait bien recours aux plus ingénieux stratagèmes pour lui faciliter cette tâche, mais il y fallait vraiment apporter le génie qui lui était naturel.

Pour une décisive expérience, celui-ci conseilla à son maître un séjour dans une des plus élégantes de nos stations balnéaires océaniennes que je ne compromettrai certainement pas. Là était le rendez-vous de toutes les aristocraties et le bruit de l'arrivée du prince était bien pour y attirer toutes les familles ayant une héritière à caser. C'était donc un plan logique et parfaitement conçu. Quant à sa réalisation pratique, Vessalani avait tout admirablement prévu. Toutes ces demoiselles ôtent leurs vêtements pour prendre leur bain. Un peignoir négligemment pendu derrière la cabine permettrait à Ali-Bouzor de se cacher contre les planches. Un trou dans le bois, visible seulement pour celui qui en saurait l'endroit et percé juste à hauteur d'arrière-train, permettrait au curieux de plonger un regard à l'intérieur et sur l'objet précis de ses investigations. Enfin la baigneuse soudoyée aurait soin de découvrir ledit objet en lui faisant faire face à la lucarne, dans un de ces mille détails du déshabillé des dames où excellent les cameristes de profession. Et ce programme ingénieux fut de tout point rempli. Une heure avant celle des marines hydrothérapies, vous auriez pu voir le prince se glisser sous le voile de coton-éponge, son lorgnon à l'œil droit, ondulent, excité, impatienté dans sa petite taille. Car il n'était pas de stature herculéenne, en vrai callipygeur qu'il était et il ne manquait jamais, au moment décisif, de se fourrer dans l'œil ce morceau de carreau qui donnait, prétendait-il, plus de perspective à sa vision.

Aussi passa-t-il huit jours en ces astronomiques travaux, sans avoir encore découvert la planète qu'il rêvait pour le ciel de son lit. Et une mélancolie douce passait, comme un nuage, dans ses yeux de gazelle au transparent velours, tandis que Vessalani, qui comptait toucher une forte commission, le jour du mariage, s'impatientait de tant de ressources de son esprit inutilement dépensées.

IV

Troun de l'air ! comme on dit partout ailleurs qu'à Marseille. Le plus joli brin de fille de la Canebière que mademoiselle Ventemajou, fille de Tancrède Ventemajou, un des plus coquins de nos marchands d'huile phocéens. Très mignonne d'aspect, un peu frêle même par le haut. Mais des jupes qui inspiraient confiance. Son père aussi la mena aux bains de mer où le prince opérait, et jour fut pris pour l'expérience sur ce sujet nouveau.

L'observateur et l'observée sont à leur poste respectif. Tout à coup le peignoir extérieur s'agite, un cri d'admiration mal étouffé en sort, et le prince s'en échappe en criant : Hosanna ! et en gambadant comme un fou. Son émotion était telle qu'on le dut étendre sur le sable pour lui faire respirer des sels. Quand il revint à lui, une douce extase se peignit sur son visage ; toute la poésie du souvenir passa sur son front, et des larmes d'attendrissement coulaient de ses paupières entre ses longs cils noirs.

Le soir même, il demandait et obtenait la main de mademoiselle Tancrède Ventemajou et date était prise pour les justes noces, comme disait Justinien. L'aurore se levait sur cette date impatiemment attendue quand Vessalani se présenta chez le Marseillais pour toucher le tant pour cent qui lui revenait sur cette affaire. En le lui comptant, Tancrède Ventemajou ne put retenir un grand éclat de rire qu'il lui lança au nez comme une fusée.

— Vous n'avez pas deviné, mon petchoun? dit-il au Milanais ahuri.

— Deviné, quoi? demanda le Milanais.

— Mais, bagasse ! que j'ai été plus malin que vous ! Je m'étais procuré, par un domestique de l'hôtel, et la veille au soir de l'expérience, le lorgnon du prince, et j'y avais fait mettre un verre grossissant par un opticien.

— Jour de Dieu ! s'écria Vessalani épouvanté. Mais ce soir, à l'heure de la désillusion, la colère du prince sera terrible et c'est moi qui en porterai le poids?

— Vous viendrez vivre avec moi, à Marseille, mon bon, et vous ne regretterez rien.

En attendant, Vessalani, qui avait fait un joli magot à cet aimable métier, prenait, deux heures après, une poudre qui ressemblait furieusement à celle d'escampette.

V

Le prince, en effet, n'en croyait pas ses yeux. C'était bien, c'était beau, c'était même superbe! Mais ce n'était pas certainement encore la chose entrevue! Il y avait erreur sur la quantité de la marchandise matrimoniale échangée. Ennemi de tout scandale, il quitta la France, sans rien témoigner de sa mauvaise humeur, mais il se réservait de divorcer, une fois dans son pays. Quand il vint consulter à ce sujet le mystagogue musulman qui servait de chapelain à sa noble famille, le grand vieillard à barbe blanche, mis au courant de son aventure dont le prince avait enfin percé le secret, — grâce aux bavardages vantards de Tancrède Ventemajou, — le vénérable chanoine mahométan lui conseilla de ne se pas donner tant de peine. Il était infiniment plus sage, à son avis, de ne plus regarder sa femme de ce côté qu'avec le même lorgnon qui la lui avait laissé voir la première fois.

Et le saint homme ajouta ces paroles d'une philosophie vraiment charmante :

— Qui veut toujours aimer la femme ne doit jamais rompre avec l'illusion.

Et toute la sagesse est là !

LE COLLODION

LE COLLODION

I

C'était au temps du choléra.
Le commandant tira de sa poche un petit paquet, en vida le contenu dans un verre, agita une petite cuillère et vida d'un trait en faisant la grimace. Durant ce temps la commandante extrayait deux ou trois granules microscopiques d'un tube et les ingurgitait en dodelinant de la tête pour leur faciliter le passage du gosier. Les garçons du restaurant les contemplaient avec un bienveillant sourire :

— Ah! ça, que mangerons-nous ? dit l'amiral qui attendait aussi.

— Pas de concombres ni de tomates surtout! s'écria Laripète.

— Pas de salade, au nom du ciel! continua sa moitié.

— Pas de glace dans l'eau !

— Pas de fruit au dessert !

— Evitons les farineux. Ils sont plus perfides qu'on ne le croit.

— Les viandes noires sont échauffantes en cette saison.

— Les blanches débilitent en un temps où toute déperdition de force est un danger.

— Rien d'indigeste comme les entremets sucrés.

— Le poisson invite à des bêtises conjugales qu'il convient d'éviter absolument.

Et les deux époux, tout en digérant leur anticholérique, restaient perplexes devant le menu que leur détaillait une carte illustrée.

— Eh bien, dit Le Kelpudubec qui la consultait de son côté, je ne vois qu'une chose dont vous n'ayez pas signalé les périls.

Et il ajouta, sur le ton péremptoire du commandement :

— Garçon, un beau melon pour trois !

M. et madame Laripète faillirent tomber à la renverse.

— Arrêtez, crièrent-il d'une voix suppliante.

— Apportez toujours! je le mangerai bien tout seul, poursuivit leur tyrannique convive.

II

— Sceptique ! murmura le doux Laripète en haussant les épaules.

— Vous êtes fou, amiral ! continua la commandante. Mais vous ne lisez donc pas les journaux ! Tous nous recommandent les précautions ; tous indiquent des traitements préventifs. L'embarras est qu'on ne sait lequel adopter, dans l'impossibilité où l'on est de les suivre tous à la fois. La journée entière n'y suffirait pas.

— Les pharmaciens sont décidément un corps bien dévoué à la santé publique et Molière eut grand tort de les ridiculiser, reprit avec conviction le commandant. Mais toi tu ne crois à rien.

— Ce melon est exquis, répondit l'amiral en s'en taillant une seconde tranche.

— Allez ! allez ! faites l'esprit fort, ajouta madame Laripète. N'empêche qu'on ne sait où aller avec ces diables de microbes dont on n'arrive pas à bien connaître les mœurs. Redoutent-ils la sécheresse, comme le prétend la science allemande, où fuient-ils l'hydrothérapie, comme l'affirme M. Pasteur ? Un petit verre de rhum les lance-t-il dans l'éternité ou facilite-t-il leur digestion ? C'est vraiment navrant de devenir la table d'hôte vivante de convives dont les goûts sont aussi obscurs ! Qu'est-ce qui attire ces fâcheux clients et qu'est-ce qui les éloigne ? Moi je ne vis plus depuis qu'on nous en parle à tout propos.

— On devrait se préoccuper, en effet, un peu du moral de ces baciles, poursuivit Laripète. Les animaux, même les plus petits, en ont un. Tenez la puce est un miracle d'intelligence. Ne pourrions-nous pas dégoûter de notre compagnie ces pernicieuses bêtes (ce n'est pas les puces que j'entends) en nous nourrissant de littérature académique et d'économie politique? On ne sait pas. J'ai remarqué que certains volumes très ennuyeux ne s'attaquaient jamais aux vers.

— La seconde tranche était encore meilleure que la première, continua Le Kelpudubec.

Et il attaqua la troisième.

— Mais rien ne t'est donc sacré! s'écria son vieil ami épouvanté.

— Vous êtes des poltrons et des niais! conclut sévèrement le vieux marin.

III

J'ai traversé vingt fois des pays où sévissait le fléau, poursuivit-il, et je ne m'en porte pas plus mal aujourd'hui. Comment m'inquiéterais-je alors de savoir ce qu'il fait à deux cents lieues de nous? Il n'intéresse que ceux qui en meurent, et je ne vois pas quelle consolation peuvent éprouver ceux-ci, à se dire qu'ils sont enlevés par le sporadique ou par l'asiatique. Il faut être diablement dilettante en matière de décès pour prouver là une source d'agrément. Si je savais que je crèverai d'un rhume de cerveau, ce qui s'est vu, — je proclamerais que le coryza est un mal bien plus dangereux que la peste. Toutes ces inventions-là sont pour faire vivre les apothicaires. La question a fait un pas cependant. Les médecins ont solennellement convenu qu'ils n'y entendaient rien. Il leur sera plus compté, dans le royaume des cieux, pour cet acte de loyauté, que pour dix âmes pures délivrées, par leurs soins, de leurs enveloppes mortelles.

— Comment! comment! ils n'y entendent rien, répondit Laripète. Et tout ce qu'ils prescrivent! Le laudanum, le bismuth, les peintures au collodion...

Le Kelpudubec eut un éclat de rire tout à fait impertinent.

— Oui! oui! le collodion! fit-il. Ah! mes amis, laissez-moi vous conter, sur ce délicieux remède, une des aventures les plus plaisantes de ma vie.

— Volontiers, fit le commandant, ce sera une diversion.

IV

— J'étais en croisière dans je ne sais plus quelles possessions espagnoles et je m'étais lié avec un médecin catalan, le senor Cacamillo, dont la renommée était considérable; — ce qui m'était assez indifférent, mais dont la femme était adorable, — ce qui m'était moins égal. Une inoubliable créature, vous dis-je, qui semblait vous regarder comme les étoiles, par deux trous du ciel, tant était d'un doux le rayonnement de ses yeux ; dont la bouche rouge s'ouvrait, comme la grenade, sur de savoureuses blancheurs ; dont la chevelure avait par places éclairées les sombres reflets du lapis. L'ovale de son visage était une symphonie de lignes se fondant dans la plus harmonieuse des courbes, et son profil était pour humilier les médailles antiques. Son corps était digne de ce magnifique couronnement. Des épaules, des bras, une poitrine irréprochables, des jambes superbes ; mais le chef-d'œuvre de tant de chefs-d'œuvre, c'était...

— Gros indiscret ! s'écria Laripète.

— C'était, poursuivit l'amiral sans s'interrompre, un ventre poli comme un lac qu'un seul nénuphar eût fleuri. Donc nous nous aimions, et ce n'est pas sans quelque émoi que j'évoque encore aujourd'hui le souvenir de Dolorès. Aussi passionnée que belle et ingénieuse au possible pour ménager les rendez-vous à nos communs désirs. C'est ainsi qu'un jour, pour ne pas être obligée d'accompagner son époux à une cérémonie officielle, elle s'imagina de lui dire qu'elle était tourmentée de coliques, et me fit en même temps prévenir de la venir voir au plus tôt.

Quand j'arrivai, elle m'accueillit par un grand éclat de rire et, à peine fûmes-nous seuls, qu'elle me fit voir un spectacle bien inattendu rien qu'en soulevant un pan de batiste brodée. Cet imbécile de Cacamillo ne lui avait-il pas badigeonné tout le ventre de collodion, sous prétexte qu'une épidémie était à craindre ! Elle avait dû subir, résignée, ce traitement, pour ne lui inspirer aucun soupçon. Le geste qu'elle fit pour me révéler cette particularité était si gracieux que je demeurai longtemps en contemplation véhémente et comme fasciné, regardant luire, sous leur enveloppe élastique et transparente, les admirables contours que sans cesse caressaient mes rêves, ce bel épanouissement de chairs jeunes enfermées dans l'austère et opulent dessin des hanches. Oui, certes, je restai bien cinq minutes muet d'admiration avant d'en rien témoigner à celle qui en était l'objet. Ce fut une des plus belles journées de ma vie.

V

Moi-même je me faisais traiter alors par cet animal de Cacamillo ; je l'avais dû prendre pour médecin avant de devenir son ami, et, par pure complaisance, j'avalais de temps en temps des pilules qu'il m'ordonnait. C'est ainsi qu'ayant un jour cru remarquer dans ma marche quelque chose de saccadé et s'imaginant que j'étais menacé d'ataxie locomotive (cet imbécile voyait des maladies partout), il m'avait prescrit l'azotate d'argent à fortes doses. J'en consommais juste assez pour lui être agréable et avoir déjà le visage brun comme un mulâtre. Car vous savez que ce joli remède produit cet immédiat effet. J'ai soupçonné depuis que le gredin avait peut-être deviné mon goût pour sa femme et tâchait de me rendre laid et ridicule à ses yeux. Mais il y perdit bien sa peine. Je n'en devais pas moins éprouver un abominable tour, comme vous l'allez voir.

Le lendemain matin, après cette heureuse journée, une femme tomba chez moi comme une bombe, affolée. C'était Dolorès. Par un geste pareil à celui qui m'avait tant charmé la veille, mais impérieux et désespéré, celui-là, non plus voluptueux et caressant, elle me découvrit ma photographie, grandeur naturelle, tracée sur son ventre. Pendant que je la contemplais, les vapeurs d'azotate d'argent qu'exalait mon souffle avaient déposé mon image sur le collodion. La lumière avait fait le reste. Une épreuve inaltérable de ma physionomie avait été faite par le plus malencontreux des hasards.

— Et qu'a dit Cacamillo, m'écriai-je, en voyant cela?

— Rien, fit-elle. Mais je n'en ai que plus peur, et je suppose qu'il rumine quelque effroyable dessein.

Mon devoir était tout tracé. Une heure après, une chaloupe emportait Dolorès à mon bord; moi-même, je mettais à la voile. Malheureusement, elle se conduisit si légèrement avec mes officiers que bientôt tous connurent l'histoire. C'était une excellente fille, mais manquant de tenue. Ce fut une occasion de m'en débarrasser. Oui, mes bons amis, voilà la farce que m'a jouée le collodion.

— Je ne m'en ferai jamais mettre, dit la commandante.

— Merci de la précaution! conclut Laripète.

CAUSERIE SCIENTIFIQUE

CAUSERIE SCIENTIFIQUE

I

— Oui, messieurs, poursuivit le professeur Vatt-fereff, docteur de la faculté de Moscou, la prétendue invention du sieur Schœnbein, en 1846, invention que la Diète germanique eut la naïveté de payer fort cher, n'était qu'un corollaire de celle du savant français Braconot, laquelle remonte à 1832. Ce prétendu fulmicoton qui devait détrôner la poudre n'est qu'un produit similaire de la xyloïdine, laquelle peut se préparer aisément avec toute matière ligneuse. Les propriétés sont les mêmes : impuissance de l'eau à décomposer le produit, qui, une fois séché, recouvre toutes ses propriétés explosibles; — combustion ne laissant derrière elle aucun produit appréciable; — force brisante qui est, pour la conservation des armes, un continuel danger; — enfin, rapidité telle dans l'inflammation qu'on en peut faire flamber un fragment appréciable sur la peau sans en éprouver la moindre brûlure.

Et, pour confirmer son dire, le professeur Vattfereff prit dextrement un morceau de coton trempé par lui, un instant auparavant, dans de l'acide azotique aux conditions exigées par l'expérience, le plaça dans la paume de sa main gauche et en approcha une allumette. La boule blanche fit *Pchitt!* et un petit flocon de fumée en monta qui s'évanouit immédiatement dans l'air. Alors le savant frotta gaiement ses mains l'une contre l'autre pour prouver qu'il n'avait éprouvé aucune incommodité de cette opération.

Au même instant, un homme se frappa le front et se leva si brusquement que sa chaise tomba en arrière avec fracas, puis bousculant sur son passage tous les tranquilles auditeurs de la conférence à laquelle il semblait assister jusque-là avec indifférence, s'esquiva en laissant la porte grande ouverte, ce qui fit circuler dans la salle un zéphyr chargé d'éternuements.

— Il y a vraiment, de par le monde, des gens bien mal élevés, dit le professeur Vattfereff, en réprimant à grand'peine un commencement de coryza.

— Je vous demande un peu ce que ce matelot venait faire ici! ajouta son appariteur Ignaroff.

II

Pourquoi, en effet, le capitaine Yvan Peteroff, de la marine marchande, avant de reprendre la mer dans quelques jours, était-il entré à la conférence du professeur Vattfereff! Ce n'était pas, je dois vous l'avouer, par amour de la science, mais simplement parce qu'il avait eu froid dans la rue et n'avait plus sur lui assez d'argent pour se procurer une distraction plus dans ses goûts. Fidèle à l'usage des gens de son état, il venait de manger, dans une seule bordée, tout ce qu'il n'avait pas bu de l'argent acquis dans une pénible traversée ; d'autant que cet homme d'airain avait eu à se consoler d'un chagrin d'amour, ce qui se fait presque toujours aux dépens de la vessie et de l'estomac, chez les hommes, tout au moins, qui n'ont pas à leur disposition les ressources de la poésie lyrique. Donc Yvan Peteroff était entré là pour s'asseoir au chaud et digérer le dernier caviar qu'il avait arrosé d'hydromel. Mélancolique, il n'avait guère écouté le bavardage scientifique du docteur, mais, lui ayant, on ne sait pourquoi, prêté une vague attention, juste à l'endroit où j'ai commencé de le reproduire plus haut, l'expérience pyrotechnique qui en avait été la conclusion avait traversé son esprit d'un trait de lumière et jeté un jour inattendu sur la mystérieuse aventure qui avait compromis inopinément son bonheur. De plus, elle inspirait à son patriotisme le devoir d'une révélation immédiate à la police de son légitime souverain.

Voilà pourquoi Yvan Peteroff était sorti comme la foudre, laissant entrer à sa place, par l'huis demeuré béant, un escadron de rhumes de cerveau.

III

Il était rouge comme une pivoine quand il entra dans le cabinet du haut fonctionnaire dont il avait sollicité une audience immédiate au nom de la sûreté de l'empereur. Celui-ci, d'un ton impératif, l'engagea à s'expliquer brièvement.

— C'est que, lui répondit Yvan Peteroff, en balbutiant, il est nécessaire que je vous conte, par le menu, tout ce qui m'est arrivé. Vous jugerez ensuite si chaque détail n'avait pas son prix.

— Comme il vous plaira, riposta l'homme aux favoris en éventail en allumant un énorme cigare et en croisant ses longues jambes avec un air de résignation.

— Donc, j'allais me mettre en route pour Copenhague où, depuis vingt ans, j'écoule un nombre considérable de marchandises et suis considérablement estimé ; car je puis me vanter d'y alimenter à peu près à moi seul, le commerce de la cotonnade et du thé. Je partais, je l'avoue, plus satisfait encore que de coutume, car j'allais revoir Christiane, ma fiancée, une jeune personne qui a des cheveux couleur de lune, et dont les formes appétissantes...

— N'insistez pas, dit l'homme de police avec une dignité froide.

— Soit ! Son père, le révérend Mathiesen, un des bourgeois les plus considérés de la ville, m'avait positivement promis sa main et je lui apportais les cadeaux d'usage. Mais j'avais encore une autre raison d'être content. Deux jours avant mon embarquement, il m'était arrivé ce que j'appellerais volontiers une bonne fortune commerciale. Six balles de coton m'avaient été vendues dans des conditions si exceptionnellement avantageuses que j'avais absolument raison de m'en réjouir. Dans le petit port de Mortora...

— De Mortora ? un nid de conspirateurs !

— Je l'ignorais. Aussi entrai-je, sans méfiance, en relations avec deux hommes fort bien, ma foi, qui me déclarèrent qu'étant obligés de vider immédiatement un local où ils avaient des approvisionnements, ils m'en céderaient une partie pour presque rien, à la condition de l'enlever au plus vite.

— Combien de temps de cela ?

— Six mois.

— Juste au moment où je faisais faire des perquisitions ! Continuez, Peteroff.

— J'achetai donc à ces deux inconnus six balles de coton d'une admirable qualité et dont je me promis de faire présent à mon futur beau-père, pour ne pas profiter seul et égoïstement d'une pareille aubaine. Je les embarquai sans tarder et je fis force de voiles, impatient de revoir Christiane dont la gorge et les hauches rebondies eussent fait trébucher la vertu de saint Antoine lui-même...

— Passez, Yvan !

IV

— J'eus quelques désagréments en route, continua le marin. Dans un coup de tempête, mes six balles furent considérablement mouillées. Mais nous étions en plein été et quelques jours de soleil les séchèrent admirablement. Je fus reçu à bras ouverts par l'excellent Mathiesen qui se montra on ne peut plus touché de mon attention.

— Je veux, me dit-il, que le jour où nous célébrerons les accordailles définitives, nous soyons tous vêtus de ce coton merveilleux et je vais, à cet effet, le faire travailler, au plus tôt, par les plus habiles ouvriers de la cité.

Je sentis tout ce qu'il y avait de délicat dans cette pensée et j'en fus ému jusqu'aux larmes. Christiane ne dissimula pas sa joie d'avoir une robe neuve et me remercia d'un regard que je n'oublierai jamais. Car j'avais omis de vous dire que le vertueux Mathiesen était d'une sordide avarice et le plus grand crasseux qui fût au monde. Mais cela n'est pas un défaut chez un beau-père; c'est, tout au contraire, une garantie d'héritage qui ne mérite aucun mépris.

Le grand jour était venu. Toute la famille dans

laquelle j'allais entrer était revêtue de coutils magnifiques, et, le temps étant superbe, tous les concitoyens du révérend Mathiesen purent s'extasier sur la promenade, en voyant passer mes somptueux cotons sur son dos. Toutes les petites camarades de Christiane enragèrent en s'avouant qu'elle n'avait jamais été plus belle que dans ce costume d'un goût vraiment exquis. Le repas fut excellent, non par la qualité des plats, qui étaient insuffisants, et mal préparés ; mais par la belle humeur qui y régna. Car Mathiesen n'était chiche que d'argent et dépensait volontiers sa gaieté en compagnie. Il fut décidé qu'on danserait, après dîner. Je m'en réjouis fort, espérant prendre, sous le patronage de Terpsichore, quelques agréables libertés à l'endroit de la taille de Christiane.

Un des oncles de ma fiancée savait jouer du violon. Il monta sur une table et, conformément à l'usage du pays, nous formâmes, pour commencer, une ronde immense, en nous tenant les mains, puis nous nous mîmes à tourner avec une rapidité vertigineuse, en tendant nos bras pour nous maintenir ensemble. C'est alors, monsieur, que se passa une chose dont le souvenir fait encore dresser mes cheveux sur ma tête.

— Achève, Yvan.

— Christiane, dans ce mouvement fou ayant frôlé de trop près une lumière avec sa jupe, un *Pchitt* formidable s'exhala de tous les membres de la ronde qui, comme les apôtres le jour de la Pentecôte, furent couronnés d'une flamme rapide suivie d'un peu de fumée aussitôt évanouie. Alors, je vis, avec stupeur, un spectacle vraiment bien inattendu, à savoir, toute ma future famille, y compris ma fiancée, subitement dépouillée de ses vêtements et dansant toute nue. Notez qu'on était lancé dans un épouvantable tournoiement, qu'il fut impossible de s'arrêter tout de suite et que, pendant plusieurs minutes encore, ce groupe de dieux olympiens improvisés continua de s'agiter en hurlant de surprise et de colère.

Moi je contemplais hébété les formes admirables de Christiane, quand un coup de pied formidable m'étendit sur le parquet. C'était le père Mathiesen, furieux, qui, croyant à une abominable fumisterie de ma part, me donnait mon congé.

V

— Que concluez-vous de là? demanda le policier aux longs favoris.

— Ce que j'en conclus! répondit Peteroff avec vivacité. J'en conclus que le coton qui m'avait été vendu était du fulmicoton préparé suivant la formule du docteur Schœnbein, et qu'à Mortora, existe un entrepôt de matières explosibles destinées à faire sauter les palais impériaux. Les hommes qui me l'avaient livré étaient des conspirateurs qui, traqués par vous, avaient voulu faire disparaître les traces de leur coupable industrie.

— Fort étonnant et bien déduit, en effet, dit à voix lente le haut fonctionnaire. Je vais faire partir pour la Sibérie tous les propriétaires du port, pour leur apprendre à louer leurs immeubles à de pareils galvaudeux.

Disant cela, il jeta son cigare et, en prenant un autre dans sa poche, il approcha une allumette.

— Boum !

Une épouvantable détonation retentit et un nuage de fumée remplit la pièce.

Quand Yvan Peteroff, abasourdi, reprit ses sens, il aperçut un spectacle affreux. Son interlocuteur avait complètement disparu, évaporé comme une goutte d'éther; mais ses vêtements intacts, son bel uniforme et ses hautes bottes étaient demeurés à leur place, sans avoir même été froissés par cet incident.

— Que la chimie est une belle chose! s'écria le marin.

Et il retourna philosophiquement à la conférence du célèbre professeur Vattfereff.

MARAUDE

MARAUDE

Qui n'eût été tenté par ce magnifique dimanche dominical avec son ciel sans nuage, son beau ciel de mai pareil à une turquoise et traversé de souffles où semblaient s'être donné rendez-vous les âmes de toutes les fleurs ! Car c'était un parfum merveilleusement multiple et subtil qui montait des haies toutes pleines de roses sauvages, d'aubépines et cognassiers aux étoiles de neige rose. Je pris, dès le matin, le chemin de la rivière ; tout autour frémissait l'argent vivant et éploré des saulayes, les grands iris déployaient, en ligne, leurs panaches bleus, et plus loin, presque au ras de la berge, les nénuphars venaient ouvrir leurs yeux d'or à l'étroite prunelle bayant dans une blancheur de lait.

Oh! ce fut d'abord la plus innocente promenade du monde. Si je n'effeuillai pas lentement les marguerites, c'est que je savais, hélas! ce qu'elles avaient à me dire; mais ce fut tout au plus. Je contemplai, avec attendrissement, les bourdons plongeant leur beau corselet de velours en plein calice des pivoines roses marquant la limite des derniers jardins. Puis, quand je fus loin des enclos que treillageait encore un enlacement de glycines déjà pâlies, je m'assis au bord de l'eau dans les plus philosophiques desseins qui se puissent concevoir. J'avais un si beau chapitre de morale à m'écrire et à me si bien sermonner *in petto* sur la fragilité de mon cœur, que rien ne peut guérir de l'amour! Pourquoi mes yeux s'obstinèrent-ils aux taches vivantes qui, presque à mes pieds, rayaient la transparence de l'onde et, de temps en temps s'estompaient dans un imperceptible mouvement du sable? Des perches, morbleu! de belles perches qui chassaient entre les roseaux, des perches savoureuses, nourries en plein courant et qui ne se méfiaient nullement de moi! Suis-je bête! ces animaux étaient tout à l'amour! puisqu'il est convenu que le gouvernement leur laisse jusqu'au 15 juin pour faire un tas d'immoralités aquatiques. Le même gouvernement pourrait bien accorder les mêmes vacances à nos tendresses et nous traiter avec autant de bienveillance que les gardons de fond. Deux mois pleins à s'aimer en pleine nature, sans souci de la morale publique, comme ce serait bon. A la condition, toutefois, que les femmes fussent moins perfides et nous-mêmes moins sots!

Sans doute, ces perches dont chaque coup de nageoire faisait passer une étincelle dans la grève ne songeaient qu'aux douces obscénités qui font le meilleur de la vie. Mais, il se faut réconforter un peu après la débauche. L'offre d'un ver de vase — c'est un verre de quinquina qu'on s'offre chez nous — ne saurait manquer de leur être agréable et utile. La pêche interdite! eh bien, quoi! sept francs d'amende et quelques reproches d'un magistrat dont l'opinion vous est absolument indifférente.

Oh! mon parti fut bientôt pris. Dans la méfiance que j'ai de ma constance dans tout projet vertueux, j'avais emporté une mignonne panoplie de hameçons et plusieurs mètres de ce que nous appelons : racine, nous autres écumeurs d'eau douce. Une branche de noisetier fit le reste; j'eus bientôt découvert sous la mousse un des appâts dont sont friandes ces bêtes gloutonnes à qui la gourmandise coûte encore plus cher qu'à nous.

*
* *

Ça mordait. Ça mordait positivement. Pas encore une victime, mais de nombreuses dupes qui avaient senti la proie menteuse leur échapper. J'aurais certainement fini par réussir. Mais baste! J'entendis des pas derrière moi sur le petit chemin. C'était un beau gars qui passait avec une fille superbe au bras. Eux aussi étaient en maraude et cherchaient manifestement une solitude moins innocente que la mienne. Croiriez-vous que ces imbéciles décollèrent leurs lèvres du long baiser qui les mêlait depuis un instant déjà, pour se moquer de moi. Et quelle fine moquerie! C'est toujours les mêmes plaisanteries qu'on fait aux pêcheurs à la ligne, sans les décourager jamais. Nous sommes si fort au-dessus de l'envie des sots! Je regrettai pour ces jeunes gens ce sacrifice à une manie ridicule. Je le pardonnai tout de suite néanmoins à la demoiselle dont la souveraine beauté méritait toutes les absolutions. Une admirable chevelure noire se dénouant sous l'or d'un chapeau de paille; de jolis yeux clairs où semblaient rêver deux violettes de Parme; un profil exquis aux lignes évasives et harmonieuses tout ensemble; une gorge que défendait mal un frisson de dentelle; des pieds charmants chaussés de mules rouges; si tout cela n'est pas des circonstances atténuantes, que le diable m'emporte! Phryné n'a pas gagné autrement son procès. Il vrai que madame Limousin eût été fort embarrassée d'en faire autant! Non certes, je n'en voulais plus à cette adorable créature!

Mais le garçon, c'était autre chose! D'abord, c'est lui qui m'avait montré du doigt à sa compagne pour la faire rire à mes dépens. — Toi, mon gaillard, pensai-je, tu vas me le payer.

Et tranquillement, sans colère, je ramenai le bouchon de ma ligne à moi, je fourrai mes amorces dans ma poche et je me mis à les suivre sans en avoir l'air. Je connaissais merveilleusement ce coin de nature. Pas de temple pour les amours timides ailleurs que le long du cours d'eau, sous l'ombre bienveillante des saules. Je les pouvais défier de trouver en chemin un abri à leurs clandestines tendresses. Partout où ils s'arrêteraient je m'arrêterais aussi en simulant la reprise de mes occupations vilipendées. Ainsi mon voisinage rendrait-il le recueillement impossible à mon godelureau et, sans recueillement, comme ça, « en pleine campagne, un regard dans le feuillage, un regard perdu qui ne vous quitte peut-être pas ! » J'en sais qui n'ont plus su trouver un seul atout dans leur jeu et ont dû renoncer à la partie. — Ce sera bien fait, animal !

Un admirable coin de perches ! L'endroit valait cent fois mieux que celui qu'ils m'avaient fait quitter. Un peu de patience et une friture était à moi, grouillante déjà dans le mouchoir que j'avais, par avance, étendu sur l'herbe. Double plaisir ! Embêter un impertinent et rapporter un butin coquet en dépit de la loi. Mais les étranges justices que rend le sort, le magistrat anonyme à qui nous ne saurions échapper ! Je m'étais campé là, uniquement pour donner des distractions, préjudiciables à leur plaisir, à deux insolents, qui de guerre lasse, avaient bien dû finir par s'installer quelque part dans l'herbe haute, aux cimes couronnées de petites fleurs roses, un lit exquis pour les amoureux qui n'auraient pas senti un témoin derrière les rideaux. Eh bien ! ce fut moi à qui ils imposèrent des distractions incompatibles avec la noble occupation qui était mienne. Le supplice imaginé par moi se retournait contre moi-même. En vain les perches complaisantes enfonçaient le bouchon sous mes yeux ; mes yeux étaient ailleurs et ma pensée aussi. Je rêvais de ma belle fille que le galant tenait dans ses bras et mangeait de caresses dans le beau décor printanier où tout sonnait l'hosannah du baiser, les petites clochettes bleues où venait tinter l'aile vibrante et vitrée des libellules, les grands iris dont un souffle léger berçait le cœur, les anémones coiffées de rouge comme les enfants de chœur, les grands arums sauvages au manteau blanc comme des lévites. Et une vision que saint Antoine, qui s'y connaissait presque aussi bien que son cochon, n'eût pas désavouée me montrait leurs bouches mariées et buvant, au même calice d'ivoire des dents, la fraîcheur humide et la saveur qui grisent leurs peaux collées l'une à l'autre et comme enveloppées du même frisson, délicieuse robe de Nessus qui ne se quitte qu'avec un déchirement de tout l'être, et leurs mains se cherchant pour quelque étreinte reconnaissante après les plaisirs sublimes qui laissent comme anéantis. Allez donc pêcher des perches avec un tel panorama dans l'imagination! Pas un mouvement juste! Toutes m'échappaient les unes après les autres! Ah! j'avais voulu gêner deux de mes contemporains dans la libre expansion des aspirations les plus légitimes, et, au moment même où le Code s'intéressait à la reproduction de simples ablettes, nuire à la perpétuité de ma propre espèce. C'est moi seul qui étais gêné; c'est moi seul qui étais puni et c'était justice!

∗
∗ ∗

Le même Destin qui m'avait pris à mon propre piège me devait, au moins, le salut d'un remords pratique et l'absolution que comporte le sacrifice.

J'avais absolument renoncé à tenter les gourmandises des perches quand un bruit se fit dans l'herbe et sur le sable de l'allée, annonçant un nouveau venu. C'était tout simplement monsieur le garde champêtre qui marchait droit vers l'endroit où nos amoureux avaient creusé leur nid. Moi, je pouvais aisément éviter d'être vu de lui en tournant derrière le tronc énorme d'un saule. Mais, moi seul aussi, je pouvais, par une diversion salutaire, sauver ces deux malheureux en détournant l'attention du garde sur moi. Ce fut un combat rapide mais émouvant dont je fus le champ de bataille. Laisser faire! Quelle vengeance pour moi, mais aussi quelle lâcheté! Je me révoltai bien vite à l'idée de l'amour sacrifié, par moi, à la stupide vanité de passer pour un citoyen sans reproches. *Me! Me adsum qui feci!* m'écriai-je, comme le poète, mais intérieurement pour ne pas prodiguer mon latin à des cancres. Et bruyamment, je rejetai ma ligne dans l'eau, détournant sur moi, innocent, toute l'ire du gardien des bonnes mœurs et des mauvaises mœurs des poissons! Il osa dire qu'il me reconnaissait bien et me traita publiquement de récidiviste. Il me sembla entendre rire, à deux pas, la voix claire de la jeune femme qui l'échappait si belle et ne savait pas à quoi elle devait le salut. Mais qu'importe d'être raillé par les femmes quand elles rient avec de jolies dents! Il paraît que j'en aurai pour quatorze francs au lieu de sept et que, de plus, je devrai revenir dans le pays pour y subir une procédure injurieuse. Eh bien! c'est moi qui m'en fiche! Avec les lenteurs bien connues de la justice, la pêche sera certainement rouverte quand mon procès me ramènera. Et alors!... Alors je ne chercherai pas querelle aux perches, mais si je peux retrouver la belle fille qui s'est moquée de moi!...

EH! LANDRY!

EH! LANDRY!

I

Vous rappelez-vous, ma chère, cette avenante buffetière de la gare de...? — je vous dis le nom tout bas, de peur que quelqu'un nous écoute. — Blanche et blonde comme un Rubens, avec un sourire qui semblait égrener des gouttes de lait au cœur d'une cerise ouverte, elle avait la majesté d'une déesse sur son trône et derrière le large comptoir où s'étageaient des brioches autour de poulets mélancoliques, entre la blessure rose des jambons et le faux porphyre des mortadelles, le tout gardé, comme des ouvrages militaires, par des bouteilles de kirsch, de rhum et de cognac, faisant sentinelle autour des cruchons pansus de curaçao. Il était impossible vraiment de ne pas l'admirer au passage pendant que le garçon qui savait son état bourrait votre monnaie de toutes les pièces hors cours, ce qui est une des grandes occupations des garçons de buffet qui profitent de l'impatience des clients.

Mais son mari, je suis sûr que vous l'avez oublié. Moi je me souviens maintenant positivement de lui. Un petit sec avec un menton de galoche et de petits yeux noirs, le tout encadré entre deux favoris qu'on eût dit dessinés au charbon. Ah! l'animal! Entendait-il bien aussi son état! Comme il avait soin de faire servir le potage trop chaud pour que le temps passât à le laisser refroidir et qu'il fût impossible de servir tout entier le menu indiqué sur la carte! Personne ne pouvait se vanter d'être arrivé, chez lui, à l'entremets sucré avant le départ du train. Un jour un voyageur obstiné préféra laisser partir le sien pour achever son repas. Quelle fut sa stupeur en découvrant que les différentes pièces du dessert étaient des accessoires de théâtre, de fausses meringues et du fromage en carton. Dame! c'était la première fois qu'un explorateur hardi osait en faire l'expérience! C'est qu'ils ne ressemblent pas tous, ces restaurants à la vapeur, au tant benoît buffet de Châteauroux où se pourraient donner rendez-vous les bons gastronomes. Je reviens bien vite au personnage que je vous veux rappeler. Vous y êtes, hein? Comme il faisait l'actif, l'empressé, le serviteur plein de zèle, tout en ayant soin de se fourrer exprès dans les jambes des domestiques pour retarder encore le service !

Mais aviez-vous remarqué qu'il disparut quelquefois, pour s'en aller dans une façon de petit laboratoire dont il avait la clef et qu'il refermait sur lui, pour en sortir bientôt avec une bouteille bien pourvue de toiles d'araignée au dehors, qui était comme une enseigne aux mystérieux trésors de sa cave ? Non, n'est-ce pas ?

Eh bien ! c'est une histoire horrible que j'ai à vous conter à ce sujet !

II

Prenez à deux mains votre courage pour l'ouïr. J'en profiterai pour les baiser traîtreusement pendant que vous serez dans cette posture incommode. Car une femme dont les dix doigts sont pris est absolument sans défense. Savez-vous ce qu'il allait faire, ce vieux mâtin que le ciel confonde, dans ce cellier menteur ? Il y allait coller, quand personne ne le pouvait voir, son petit œil de faucon à un imperceptible trou percé dans une cloison. Vous connaîtrez la vérité tout entière, et dans son horreur, quand je vous aurai dit encore que cette cloison séparait cette annexe sombre du buffet de la mystérieuse retraite où les dames allaient... Je laisse la parole à Émile Deschamps qui a dit de cet asile :

> Là, déployant avec mystère
> Un papier qu'elle ne lit pas,
> La belle tendre et solitaire
> Dévoile un moment ses appas.

et dont il ajoute :

> Elle en sort alerte et légère ;
> Elle en sort pour y revenir.
> Et jamais, princesse ou bergère,
> Sans y laisser un souvenir.

Je ne suis vraiment pas fâché d'avoir appelé à mon secours, dans cette occurrence, un des plus délicats poètes de ce temps. Oui, comtesse, le drôle profitait de ce moment d'abandon pour se faire gratuitement à lui-même un cours d'astronomie comparée. Car j'ajouterai tout de suite, pour l'honneur de la morale et l'honnêteté de mon récit, que c'est sur les derrières de l'ennemi qu'il braquait son artillerie oculaire, sans daigner répondre aux canonnades qui lui arrivaient ainsi, par aventure, des postes avancés. L'impertinent, n'est-ce pas ? Quand je pense que vous-même, un jour, vous avez été prendre là un air de lune et donner à sourire à ce maroufle éhonté. C'est la seule fois de sa vie où le sort de ce gargotier m'ait pu faire envie. C'est bien la peine de porter ces maudits pantalons qui me mettent tant en colère ! Oui, ma chère, lui, vous, face à face, sans que vous vous en doutiez. Ce souvenir m'est, dans l'âme, comme l'éclosion d'une couvée de serpents.. Et vous preniez votre temps, encore, pendant que je m'impatientais en mordillant ma cigarette. Enfin, je vous trouve plus à plaindre qu'à blâmer dans cette occasion. Cet homme avait de la chance, et quand je pense à sa femme, je suppose bien qu'il la méritait — pas sa femme, sa chance, s'il vous plaît.

III

Ouf! Et ce n'est pas tout, comtesse.

Cet observateur était expansif, cet astronome était bavard, ce canonnier aimait la compagnie. Quand il avait fait quelque belle découverte, mis l'œil sur quelque merveille, vu se démasquer quelque batterie de choix, il s'en allait à un interstice des planches qui fermaient son buen retiro du côté du quai des voyageurs, et faisait doucement : « Hé Landry! » Un autre polisson, qui répondait à ce nom et exerçait les fonctions de contrôleur dans la gare, venait frapper à la porte mystérieuse, entrait furtivement, et alors nos deux compagnons, regardant chacun à son tour, se communiquaient tout bas leurs impressions. Cela devait faire de jolis dialogues à la Plutarque! — Un peu rond et sans grand accent. — J'aime mieux celui de la commandante. — Joli ton, des roses et des lys. — Plus de bruit que de besogne. — Encore une vieille connaissance. — Ouh! ouh! ouh! il y a mieux. — Un Espagnol certainement. — Il ressemble à M. le préfet. — Embêtant ce signe! — Un simple potiron, etc., etc... Ah! si les Péripatéticiens n'avaient pas échangé de plus hautes idées, leur mémoire n'eût pas été consacrée par la reconnaissance de plusieurs générations de psychologues.

C'était honteux, n'est-ce pas?

Mais attendez un peu, je vous prie. Il ne faut pas croire trop vite que la Providence est bénévole au point de ne se fâcher jamais. Pourquoi me regardez-vous comme cela? Ah! ah! vous voudriez bien savoir, friponne, ce qu'ils ont dit du vôtre? Mon souvenir est très précis maintenant. Je ne comprenais pas, mais, tout en déchirant des dents mon papelito, je suis sûr d'avoir entendu ces paroles, dont le sens mystérieux m'échappait alors : — « Nom de nom de nom de Dieu! »

IV

Or, il y a trois jours, et un ami m'apporte incontinent (moins que moi quand je suis à vos côtés) le dénouement de cette longue comédie, la nouvelle du coup de foudre qui fit faire cette idyle. Donc, il y a trois jours, notre indiscret se trouve en présence d'un événement qui lui parut plus formidable qu'aucun de ceux qu'il eût affrontés jusque-là. Avait-il dans l'œil, lui-même, un verre grossissant naturellement survenu. Mais il fut émerveillé. Ce n'était pas une simple batterie, mais un corps d'armée tout entier; ce n'était pas la lune, c'était le firmament au complet. Tel fut son émoi que c'est d'une voix éteinte qu'il soupira : Hé! Landry! Ce futé de Landry arriva néanmoins. Lui aussi déclara que la coupole du Panthéon était seule comparable à cette architecture. Et tous deux décidèrent qu'ils voulaient voir absolument le visage de la personne qui en possédait une si miraculeuse contre-partie. Ils s'élancèrent donc pour aller guetter, à la sortie du Temple, l'officiante qui leur avait jeté l'encens. Leurs cœurs battaient, à ces deux imbéciles. La porte s'ouvre enfin. Oh! stupeur! C'était la belle buffetière, elle-même, que son époux n'avait pas reconnue et dont il avait révélé les charmes à son complice!

Ceci prouve, ma chère — car il est toujours un fonds de philosophie dans une histoire, — que nous connaissons rarement la valeur, — curieux que nous sommes du bien d'autrui, — de ce que nous possédons nous-mêmes, et que volontiers nous allons chercher bien loin ce qui est à notre portée. Je vous rappelle cela au cas où il vous arriverait de rêver d'un plus aimable, plus galant et plus spirituel que votre dévoltieux esclave.

MADAME THOMAS

MADAME THOMAS

I

— Quand j'étais clerc d'huissier...

J'interrompis net, pour le regarder, celui qui venait de dire ces mots et qu'on me venait de présenter, à l'instant même, comme un poëte charmant dont les rimes amoureuses étaient une divine musique.

— Vous voulez rire ? lui demandai-je.

Mais il me répondit le plus naturellement du monde.

— Mes parents n'avaient nullement consulté ma vocation et m'avaient tout simplement fourré dans une étude. J'y faisais de mauvaise besogne processive et mes premiers vers. Mais je dus céder bientôt à une impossibilité de nature. Malgré moi, je m'apitoyais en faveur de tous ceux que poursuivait mon patron et j'en étais venu à les aider à se tirer d'affaire en volant ma propre famille pour venir à leur secours. Quand celle-ci s'en aperçut, elle renonça d'elle-même au brillant avenir de protêts qu'elle avait rêvé pour moi. Elle me laissa tomber avec mépris dans la littérature, comme un mauvais fruit détaché de l'arbre et qu'on ne prend même pas la peine de ramasser.

— Et vous avez conservé un mauvais souvenir de ces années de jeunesse?

— Moi, pas du tout. Elles ne me rappellent aujourd'hui que des heures exquises d'école buissonnière, de longues flâneries le long des aubépines en fleurs. Mon maître officiait dans une petite ville, et c'était surtout des paysans que j'avais à tourmenter et qu'il fallait aller chercher au loin, dans les campagnes ensoleillées. Maintenant que je les connais davantage, je me repens bien des pitiés que j'avais d'eux. Car le paysan français sorti des livres immortels de George Sand est une sale bête, égoïste, avare et ne songeant qu'à son bien, sans idéal et sordide et capable de tout pour quelque argent. Non! non! je ne trouvais pas cette vie insupportable. Je ne lui pouvais reprocher que d'être coûteuse à mes parents pour la raison que j'ai dite plus haut. Il est un âge où tout est sourire, même des plus sombres choses. Rappelez-vous la jolie petite pièce de Coppée sur l'orpheline du Porte-clef, celle qui se termine ainsi :

> Et, pareille à la mandragore
> Qui fleurit au pied du gibet,
> Elle était plus charmante encore
> Le jour qu'une tête tombait.

L'avouerai-je même ? Un de mes charmants souvenirs d'amour, un des plus puissants du moins, m'est resté de ce temps maudit. Car j'avais tout près de vingt ans quand je renonçai à la carrière. J'étais élevé à la dignité de premier clerc dans une étude où nous étions deux, et avec une confiance bien aveugle, mon patron m'investissait, à l'occasion, du plus formidable pouvoir. L'aventure à laquelle je fais allusion et que je vais vous dire en fait foi.

II

— Il y avait bien trois lieues pleines de ma résidence officielle au village où demeurait un nommé Thomas, qui était bien un des débiteurs les plus endiablés de tout le pays. Ce que cet homme avait l'amour de ne pas payer ce qu'il devait ! Il possédait, en outre, celui d'une femme fort belle et qu'il avait récemment épousée. Les charmes de madame Thomas étaient célèbres à plusieurs milles à la ronde. Elle était venue souvent à l'étude demander du temps pour son mari. Je la vois encore apparaissant, comme un rayon de belle lumière, dans la poussière crasseuse des dossiers, éclairant la pièce sombre du rayonnement de ses beaux yeux clairs et innocents, limpides comme l'eau du ciel. Elle prenait avec une voix infiniment douce la défense du mauvais payeur et ce m'était une musique de l'entendre, un langage mélodieux dont je n'entendais même pas les mots. Et tous mes désirs d'adolescent s'exaltaient autour des grâces aimables de sa personne, l'embrassant de la tête aux pieds, ou mieux des pieds à la tête, comme ces lierres obstinés qui pressent l'écorce des arbres. Mon rêve de volupté folle l'enveloppait, se moulait, pour ainsi parler, aux adorables reliefs de son corsage et de ses jupes étroitement collées à ses formes rebondies. L'idée me prenait, comme une fièvre, de posséder, ne fût-ce qu'un instant, tant de trésors inappréciés peut-être de leur légitime propriétaire. Mais madame Thomas n'entendait pas de cette oreille adultère. Elle passait pour inexorablement fidèle à son prodigue époux. Chacune de ses visites n'en était pas moins une sorte de révolution dans tout mon être. Je demeurais anéanti quand elle partait et il m'arrivait de me mettre à quatre pattes sournoisement, comme pour ramasser une plume, mais en réalité pour baiser les pierres où son joli pied s'était posé. J'ai longtemps gardé une feuille de bruyère que j'ai vu tomber de ses cheveux. Vous voyez, mon cher, qu'il y a de poétiques amours, même dans le métier d'huissier.

III

Un jour, le patron me dit :

— Il faut en finir avec Thomas. Son principal créancier, M. Ménichon, ne veut plus entendre parler d'accommodements nouveaux. Il se fiche absolument de notre papier timbré. Une bonne saisie suivie de vente le fera peut-être réfléchir davantage. Vous l'irez saisir demain de bonne heure, mon garçon. Je n'ai pas le temps de le faire moi-même. Mais je vous charge de ce soin. C'est absolument contraire à la loi et aux devoirs de ma charge. Mais tous mes confrères en font autant, et d'ailleurs ces rustres ne connaissent rien de leurs droits les plus précieux, parmi lesquels il faut comprendre celui d'être instrumentés par les officiers ministériels en personne.

Ce discours me rendit perplexe et rêveur à l'infini.

J'allais donc me trouver dans sa maison, à elle, au milieu des objets dont sa présence faisait, pour moi, comme les vases sacrés d'un temple, parmi tous ces menus biens dont j'aurais voulu faire des reliques et qu'il me faudrait lui arracher. Mon sang s'échappait de mon cœur comme par plusieurs courants divers, ici brûlant des plus pures tendresses comme un flot que l'orage tourmente. Ce qui dominait en moi, c'était l'impression attendrie de cette demeure où tout parlait d'elle, disait sa vie familière, était comme imprégné de son vivant parfum. Qui n'a senti l'émotion profonde de se trouver, pour la première fois, dans la chambre longtemps rêvée de celle qu'on n'avait jamais rencontrée que sur les chemins ou dans les hôtelleries !

Ah ! si j'avais pu encore chiper quelque somme rondelette à mon vieil oncle Jérôme pour aller faire le généreux et me faire aimer peut-être ! Mais on se méfiait déjà de moi. Pouvais-je bien cependant contribuer à la disgrâce d'une si adorable créature ? Car elle allait être atteinte du même coup que son imprudent mari.

Je me couchai très bouleversé et ayant grande envie de prier mon maître de se faire tout simplement représenter par son second clerc, ce qui ne lui coûterait pas davantage une fois sur la route des abus et de l'illégalité.

Mais le désir de revoir madame Thomas l'emporta et je fis même appel à ma conscience qui ne me permettait pas de me dérober à un pénible devoir.

IV

Une adorable matinée de juillet. Le ciel, d'une transparence cristalline et azurée, était comme un immense verre où se choquaient imperceptiblement, avec un bruit clair et délicieux, les chants d'oiseaux et les frémissements d'ailes. Aux bords, l'aurore mettait un reflet rose, comme les dernières gouttes d'un vin pâle, plus assez pour mouiller les lèvres, assez pour respirer un parfum. Les sillons embués traçaient des lignes parallèles et flottantes de vapeurs dont les verdures des champs étaient au loin rayées et les genêts en fleurs semblaient des constellations tombées, un microcosme d'étoiles dispersé par un caprice des vents.

Une sorte de griserie indéfinissable montait de tout cela. Je dois à la vérité de dire que je la compliquai en buvant quelques verres de bon rhum à l'auberge sise à mi-chemin, pour me donner du courage.

Est-ce que ce gredin de Thomas avait eu vent de la chose?

Toujours est-il que, lorsque le cœur tressautant dans la poitrine, je frappai à sa porte, c'est une voix de femme qui me répondit, et quelle voix!... La sienne. Les âmes des élus ne s'épanouissent pas davantage aux premiers accords séraphiques qui leur révèlent l'entrée du Paradis.

Elle vint m'ouvrir dans un déshabillé qui n'était point fait pour rasséréner mes sens exaspérés par les caresses perfides du matin et les rêves de la route.

Une chemise de toile un peu grossière, mais dont les plis sculpturaux se modelaient étroitement aux lignes de la gorge et s'y tendaient merveilleusement soulevés; et sa belle chevelure blonde dénouée sur ses épaules presque nues; et sous son jupon de laine rouge trop court, la rondeur exquise de ses mollets et la flexibilité harmonieuse de ses chevilles. Les manches courtes aussi laissaient voir les bras.

Je faillis tomber à la renverse de bonheur, mais aussi de crainte, quand je vis qu'elle m'avait reconnu :

— Mon mari est à la ville, me dit-elle, et probablement est-il en train de donner quelque acompte pour arrêter les frais.

Mais mes ordres étaient formels. Et puis... et puis une abominable pensée me venait de l'excès même de mon désir et de l'exaspération de ma tendresse. J'étais décidé à tout tenter pour tout obtenir. Les petits verres de rhum avaient versé quelque férocité dans mon âme. L'occasion était unique, peut-être, et il me parut de bonne politique (j'en rougis aujourd'hui comme de la plus coupable action de ma vie) de me montrer impitoyable.

Alors, elle se mit à pleurer et, sur tous les meubles qui allaient lui être ravis, elle jeta des regards de désespoir dont un tigre eût été attendri, des regards mouillés et suppliants, comme pour dire à ces bois, à ces cuivres, à toutes ces choses insensibles : Ne me quittez pas! Ne soyez pas inexorables comme lui.

Oh! la paysanne! la paysanne! son amour de tout ce qui est sien. Celle-là avait beau être vertueuse, elle comprit bien vite qu'il y avait, pour elle, un moyen de sauver tout cela. Et quand je m'approchai d'elle, les lèvres tendues vers sa nuque, pour qu'aucun doute ne lui fût possible, elle ne se recula pas comme je le craignais — et, quand ma bouche toucha son cou, elle ne me gifla pas, comme je l'espérais. Je sentais, en elle, une sourde colère, mais dominée cependant par un espoir farouche de garder ses frusques, ses meubles, tout ce qui lui était plus à cœur au fond même que sa vertu.

Elle me laissa lui tourner doucement le visage vers le mien pour le double baiser qui s'échange et si ses lèvres se fermèrent elles ne fuirent pas les miennes. Je la poussai insensiblement vers le lit que nous ouvrait le large sourire de ses draps encore blancs. Son échine souple et délicieusement tiède ployait dans l'étreinte de mes bras enlacés au bas de sa taille, comme assis sur la rondeur voluptueuse et jumelle de ses hanches. Ah! monsieur, je ne me souviens plus! Je ne veux plus me souvenir!

V

— Misérable! gredin! scélérat!

J'avais laissé la porte entrebâillée et, sans bruit, M. Thomas était entré, qui, un gourdin formidable à la main, m'apostrophait dans cet héroïque langage.

Je me retournai. Il avait l'air épouvantablement furieux.

Mais sa femme semblait plus en colère encore et, s'adressant à lui, avec des injures à pleine bouche :

— Lâche! malheureux! ruffian! si tu payais tes dettes toi-même...

Elle n'eut pas le temps d'en dire davantage. Un geste plein de dignité de Thomas lui imposa silence. Le rustre avait compris, comme éclairé par un trait de lumière. Peut-être aussi m'avait-il reconnu pour être venu souvent demander grâce à l'étude.

Laissant choir son bâton, retirant son chapeau, après avoir fait quelques pas en arrière, d'un ton confus et avec une humilité parfaite :

— Monsieur l'huissier, fit-il, croyez bien que si j'avais su...

Et il sortit à reculons, en m'envoyant de bons sourires, et la porte repoussée, je l'entendis qui sifflotait comme un homme heureux qui a fait une bonne journée.

TOUT EST BIEN

TOUT EST BIEN

I

« Qui finit bien » devrais-je ajouter si je ne craignais de donner à mon conte un titre long d'une aune, ce qui serait d'une effet typographique affreux.

Celui-ci me fut conté par un de Chenonceau, dans l'admirable atelier de l'aquarelliste Charles Toché, qui est une façon de Tiepolo français et vous aquateinte des fresques qui feront l'émerveillement de la postérité. Celte exquis d'ailleurs et dont la mélancolie bretonne s'égaye volontiers au bruit joyeux des coupes et du franc rire de Rabelais. C'est là que se donnent rendez-vous les bons compagnons dont je me fais gloire d'être. Les histoires joyeuses y sont les bienvenues et, ma foi, je vole cyniquement celle-ci au Tourangeau qui m'en divertit après boire.

C'était donc chose notoire, non pas à Blois seulement, la vieille ville montante, aux charpentes en auvent, mais dans le Blaisois tout entier, voire jusqu'à Vendôme, que Marcelline, la femme du meunier Clovis, était un miracle de beauté. C'était d'ailleurs l'avis de son mari lui-même, qui en était fort amoureux et celui du capitaine Baudrille, qui en était certainement plus amoureux encore, comme il convenait à un homme qui n'y était pas contraint par la loi.

Fort sage avec cela, la Marcelline, même au dire de ses voisines qui, toutes, encornifiaient leurs benoîts maris avec une louable émulation et un zèle tout à fait méritoire. Mais il n'est vertu qui ne trébuche à quelque piège de l'amour (la mienne, elle-même, monsieur le conteur, eut cette destinée). Baudrille était tout à la fois chaleureux et patient, variété de soupirants très préjudiciable à l'honneur des époux. Il semblait attendre que les alouettes lui tombassent dans la bouche, tout en les faisant rôtir lui-même, à force de soupirs embrasés et de flammes sournoises qu'il leur lançait de ses yeux et de son cœur. Il faut penser que, pour être long, ce procédé de cuisson aérienne n'en était pas moins sûr ; car il arriva qu'un jour Marcelline se trouva à point pour être servie, appétissante et rissolée, sous une jolie petite barde de lard fin dont dame Nature, un vrai cordon bleu, avait enveloppé ses jolis reins à fossettes. Le capitaine n'eut vraiment qu'à ouvrir sa bonbonnière à jurons et rendez-vous fût pris pour la nuit même, dans la propre chambre de Marcelline, attendu que Clovis devait partir pour aller acheter des blés au marché voisin et se mettrait en route à la tombée du jour. Ce qu'il fit, d'ailleurs, avec une soumission parfaite à cette mystérieuse loi qui ne permet pas aux maris d'échapper à leur destinée.

Je vous prie de croire que Marcelline le baisa, à son départ, avec une ferveur spéciale. Car il se faut toujours méfier des adieux qu'entourent de tels redoublements de tendresse.

II

— Toujours la même chose, n'est-ce pas? Une belle recette d'amoureux complaisamment décrite pour faire rêver les adolescents et regretter les vieux. Où donc avez-vous vu que ce fût ma méthode. Je passerai sous silence tous les menus détails qui me sont venus de cette mirifique conversation entre un capitaine épris et une meunière affolée, sous la blancheur parfumée d'iris de draps sensiblement adultères. Devinez-les, si vous voulez, et selon le caprice de votre propre esprit. Au fond, la morale y perdra. Car vous allez vous représenter, j'en suis convaincu, un tas de salauderies extra-conjugales sans têtes, sinon sans queues, tandis que moi j'aurais réglé, par la sagesse de ma plume, les écarts de vos imaginations, ne permettant à vos folâtres cerveaux que des visions décentes et honnêtes. Mais, ma foi! tant pis! C'est la faute de la bégueulerie contemporaine et non pas la mienne, si vous vous dévergondez à plaisir, faute d'un Mentor. Je vous passe le plus beau assurément et le plus poétique de cette aventure, et j'arrive droit au moment où Clovis, s'étant aperçu en route qu'il avait oublié à la maison sa grosse bourse en cuir, rebroussa chemin et s'en vint impertinemment interrompre l'idylle qu'un Théocrite de caserne soupirait dans son propre lit.

Baudrille qui était, en temps de paix, un foudre de guerre, se fourra sous le dodo profané, en entendant ouvrir la porte, et Marguerite fit choir la lampe et se mit à geindre comme si neuf mois se fussent passés déjà depuis le divertissement qu'elle venait de prendre à l'instant.

— Pour Dieu, qu'avez-vous, ma mie, et où est la lumière? demanda le vertueux Clovis en entrant et en trébuchant dans l'obscurité.

— Je ne sais, répondit-elle, quelle male colique me tient aux flancs depuis un instant. Le chagrin de votre départ, sans doute. Mais je crois bien que je m'en vais mourir pour le moins. Pour le feu, il est éteint, et je n'ai rien pour rallumer la mèche.

— Je vais vous frotter doucement le ventre, reprit

le doux farinier, et vous en éprouverez un immédiat soulagement.

Mais Marcelline se mit à crier de plus belle. Il lui fallait un médecin tout de suite, et un prêtre ne serait pas de trop pour la confession de ses péchés. Car elle ne voulait pas trépasser en état d'impénitence. Clovis, toujours à tâtons, se dut mettre en mesure d'aller quérir ces deux apothicaires du corps et de l'âme, et ce fut une belle occasion pour l'intrépide Baudrille de s'esquiver sans demander son reste.

III

Or, il n'avait pas fait trois pas dans la rue et la porte était à peine retombée sur lui qu'il vit venir à sa rencontre un homme hors d'haleine :

— Clovis, lui dit celui-ci, on a retrouvé la bourse, grimpe vite dans ma carriole et nous arriverons encore au marché avant le jour.

Et, comme le capitaine, qui ne tenait pas à être reconnu, avait ramené son large manteau sur son visage :

— Tu as bien raison, ajouta l'inconnu, de t'envelopper dans ta limousine, car il fait un froid de tous les diables cette nuit.

Cette remarque mit une puce à l'oreille de Baudrille. Il tâta l'étoffe du bout des doigts et se convainquit que, dans l'obscurité de la chambre et le décousu de la situation, il avait emporté la lourde cape de Clovis et avait laissé chez celui-ci son propre vêtement.

— Au fait, pensa-t-il, puisqu'on vient de me voir sortir de sa maison à une pareille heure, il vaut mieux qu'on continue à me prendre pour lui. Le Destin arrangera certainement les choses.

Car ce militaire était un optimiste en même temps qu'un amant délicat redoutant, au-dessus de toutes choses, de compromettre sa bonne amie.

Et il grimpa, en remerciant vaguement, pour que sa voix ne surprît pas, dans la carriole qui fila au triple galop du cheval qu'enveloppait une large cinglée de coups de fouet.

Ainsi bondissaient-ils, vivement cahotés par les petits pavés aigus de la ville sous la lumière tremblotante des derniers falots dont les flammes charbonnaient dans les crépitements agonisants de l'huile tarie, entre les grandes ombres des maisons dont les gothiques croisées mettaient une dentelle noire aux murailles opposées et toutes blanches de lune, à travers les scintillements du givre pendant d'innombrables petits diamants aux branchages noirs des jardins, quand un grand vacarme et les cris répétés : au secours! les forcèrent à s'arrêter. Ayant mis pied à terre, ils virent, en effet, un homme que deux autres tentaient de terrasser.

Qui recevait cette abominable pile!

Le bon Clovis, en vertu du déguisement dont il était inconscient encore. Car vous avez deviné que, lui, était parti de sa maison, ayant sur ses épaules le manteau aux armes du roi du capitaine. Or, Clovis n'était pas le seul cocu que confectionnât ce guerrier à ses heures de loisir. Un autre bourgeois de la ville, qui avait également à s'en plaindre et le savait mieux que le meunier, le guettait, depuis plusieurs soirs en compagnie d'un robuste gaillard tout disposé à taper dru. Ainsi voyez les singuliers caprices du destin. C'était un cocu qui en assommait un autre, quand il serait si naturel que gens de même profession s'aimassent entre eux et s'embrassassent quand ils se rencontrent, au lieu de se frapper méchamment! Clovis châtié pour celui-là même qui le déshonorait! La Providence ne pouvait tolérer longtemps ce tour ironique des choses. Baudrille et son compagnon arrivaient à temps pour empêcher ce scandale.

Ah! ce fut une belle mêlée de horions. L'agresseur était obstiné et son complice robuste. Le bon droit triompha cependant. Les auteurs du guet-apens durent faire honteusement retraite. Clovis sauvé et Baudrille, ruisselant de sueur, tombèrent dans les bras l'un de l'autre et se jurèrent une amitié éternelle. Comme tous deux avaient jeté leur cape à terre pour combattre plus librement, Baudrille profita habilement de l'occasion pour reprendre la sienne; Clovis recouvra la sienne aussi, mais sans se douter qu'il en eût porté une autre un seul instant. Ainsi tout se termina comme si rien ne s'était passé du tout, et quand Clovis rentra enfin chez lui, où l'attendaient déjà le médecin et le curé qu'il avait mandés, il les trouva en train de manger une volaille froide en compagnie de sa femme, qui n'était plus malade du tout. Il ne fit aucune difficulté de se mettre à table avec eux, et tous quatre burent plusieurs pichets de ce bon vin tourangeau qui est une des gaietés de l'âme, comme le savent très bien ceux qui en ont bu en société de belles dames et de bons vivants.

LA LOI

LA LOI

I

Plus je me remémore les faits et gestes de mon ami Thomas, plus je me convaincs, qu'en des âges plus équitables il eût été compté parmi les sages de l'antiquité. On eût certainement créé, en Grèce, un huitième fauteuil pour lui, dans cette première académie.

Et d'abord, mon ami Thomas connaissait, comme pas un, le prix de l'argent. Aussi n'en dilapidait-il que le moins possible dans les échanges journaliers, évitant soigneusement de payer ses fournisseurs, créanciers, prêteurs et autres fripouilles. Aucun n'eût jamais connu la couleur de son argent (il était blanc, de vous à moi, comme le vôtre et le mien) s'il n'eût été forcé de loger sous son propre nom, pour respecter le pieux usage qu'avait sa famille de lui payer son terme.

En vertu du même principe d'économie, Thomas, qui avait le goût des femmes et le tempérament pour le satisfaire, ne s'adressait jamais, dans ce but, aux personnes intéressées qui font le commerce de leurs charmes. Mon Dieu ! il savait bien que Paris est plein de damoiselles qui, pour un modique salaire, font le bonheur des gens peu difficiles. Mais il avait deviné aussi que le même Paris abonde en belles et honnestes dames, petites bourgeoises, voire créatures de naissance, qui ne demandent pas mieux que de rendre gratuitement ces mêmes services. Le tout est de les savoir découvrir et le drôle y excellait. Il vous les pressentait sur les promenades, dans les squares, à la sortie des magasins et, rarement, se trompait-il.

Mais où vous allez admirer certainement la sagacité de son esprit, c'est dans le refus absolu qu'il faisait de pénétrer dans l'existence de ces dames et même de connaître leurs noms. Les femmes aiment bien à conter, tout de suite, leurs petites affaires ; mais Thomas leur refusait impitoyablement ce plaisir :

— Pour ce que nous avons à faire, leur disait-il, je ne vois rien de plus inutile que d'approfondir votre état civil, madame, et vous n'en auriez pas du tout que je ne vous en aimerais pas moins.

C'est que ce fin observateur avait remarqué que

tous les ennuis des liaisons de ce genre viennent de la connaissance trop complète qu'on fait l'un de l'autre. Un cocu anonyme est toujours beaucoup moins à craindre qu'un cocu dont on est obligé de faire son ami.

Et ce n'est pas tout. Mon ami Thomas avais mis encore une chance de son côté dans le jeux périlleux de la vie. Il avait pioché le Code comme personne, et grâce à l'étude sérieuse qu'il avait faite de cet absurde bouquin, il était en état de se dérober à presque toutes les obligations que subissent les autres hommes, sans jamais s'exposer à tomber sous le coup de la Loi.

Tout cela lui mettait autour des flancs le triple airain que recommande Horace aux hardis navigateurs, conseil imprudent, je crois. Car une simple ceinture de bouchons serait un meilleur préservatif en cas de naufrage.

II

— Où avait-il rencontré madame... Comment voulez-vous que je vous dise son nom, puisque lui-même ne voulut jamais l'entendre ? Dans un bureau d'omnibus tout simplement, sorte d'endroits où ses chasses étaient particulièrement fructueuses. L'emploi seul de ce véhicule populaire indique, chez une femme d'une certaine mise, des habitudes sages de petite rentière. Madame... était blonde, grassouillette, avait trente ans peut-être, de jolis yeux bleus, une bouche souriante ; il ne lui en avait pas demandé davantage et vous auriez tort de vous montrer plus exigeant que lui. Il y avait plusieurs mois déjà qu'il la recevait deux fois la semaine, dans sa garçonnière, — un petit appartement fort bien installé, ma foi, et d'un confortable presque raffiné — quand nous les trouvons, au début de cette histoire, dans le noble exercice du sacerdoce à deux auquel ils s'étaient consacrés. Vous me permettrez de ne pas m'étendre sur les cérémonies d'un culte que vous connaissez comme moi. Ils en étaient aux actions de grâces qui terminent la messe en attendant vêpres et le salut, quand madame... voulut tenter, encore une fois, de se révéler enfin à son bien-aimé.

— Après si longtemps, lui dit-elle affectueusement, il faut pourtant bien que vous sachiez...

Il l'arrêta net :

— Le temps m'a sans doute, lui répondit-il, paru moins long qu'à vous, ma mignonne ; mais je ne veux rien savoir du tout.

Et comme elle faisait une petite moue délicieuse :

— Je veux savoir seulement que tes bras sont le plus délicieux oreiller du monde, que tes baisers sont savoureux comme des fraises, que tout est parfum et enchantements dans la tiédeur exquise de ton être, que je me trouve heureux auprès de toi et ne souhaite nulle autre femme.

Et, comme Thomas n'était pas un platonicien, il se mettait en mesure de confirmer par la pratique la sincérité de ses compliments.

— Pan ! Pan ! deux coups frappés à la porte.

Madame... toute tremblante, sauta à bas du lit.

— Pan ! Pan ! répétèrent deux coups plus forts.

Madame... se sauva dans le cabinet de toilette. Un appareil à douches était là que fermait un rideau circulaire de coutil rayé. Elle s'y réfugia dans le costume d'Ève et referma le rideau sur elle.

— Ouvrez au nom de la loi !

Thomas, sans perdre la tête, fit un paquet des vêtements de sa compagne et, par un vasistas qui donnait dans l'appartement du voisin, les précipita, se disant qu'il serait bien temps de les reprendre ensuite. Puis il alla ouvrir :

— Cette fois-ci, je viens moi-même ! lui dit une voix sévère et moqueuse à la fois.

Et un homme entra, suivi d'un autre que Thomas salua très poliment, sans leur demander le but de leur visite.

III

Ce : « Je viens moi-même » vaut bien une ligne de commentaires. Celui qui parlait ainsi était le sieur Péconté, huissier de son état à qui Thomas avait fait la mauvaise farce de faire annuler une saisie et donner un savon par le président de la chambre syndicale, pour n'avoir pas instrumenté en personne, comme le commande expressément la loi.

— Vous voyez que l'expérience me profite, ajouta-t-il goguenardement, une fois entré.

— Vous venez pour me saisir, cher monsieur Péconté ?

— Oui, jeune homme, répondit avec dignité l'officier ministériel. Car ces sortes de trouble-fêtes s'appellent officiers, bien qu'ils ne portent pas de sabres, ce qui prouve une fois de plus que ce n'est pas le sabre qui distingue l'homme de loi (un peu dur pour les militaires, mais tant pis !)

— Faites, monsieur, conclut Thomas avec dignité.

Et il laissa énumérer tous les meubles de sa chambre en un défilé minutieux, M. Péconté prenant un plaisir extrême à lui rendre son mauvais procédé par un excès de rigueur.

Les choses devinrent moins simples quand l'huissier aborda l'inventaire du cabinet de toilette. Pensez-vous, en particulier, que cette pauvre madame... dût s'amuser beaucoup sous ses toiles ? Après l'inscription au papier fatal d'un tas de fanfreluches de toilette, M. Péconté alla droit à l'appareil à douches.

— Ah ! ah ! il pleut ! fit éperdument Thomas pour lui donner une distraction.

Mais le stratagème ne réussit pas.

— Je parie que vous avez caché là-dedans toute une garde-robe ? fit l'homme à l'austère mission.

Et il voulut ouvrir le rideau, mais des mains crispées retinrent celui-ci ferme malgré ses efforts.

— Ah ! ah ! mon gaillard ! nous étions en bonne fortune !

— Alors, de grâce n'insistez pas davantage, fit Thomas de l'air d'un homme du monde indigné !

— Mon devoir, répondit imperturbablement Péconté, est de m'assurer du contenu du moindre objet.

Et, violemment, il distendit la toile. Mais il poussa un terrible cri en se trouvant devant madame... toute nue, par l'excellente raison que madame... était précisément madame Péconté, sa légitime épouse.

IV

— Misérable ! hurla le mari outragé. Je vais vous tuer comme un chien, j'en ai le droit !

— Pas du tout, lui répondit simplement Thomas. Pour que le meurtre de l'amant soit, non légitime, mais seulement excusable, il est nécessaire qu'il y ait flagrant délit. Or, le fait de prendre une douche n'est nullement assimilable à l'acte qui constitue le flagrant délit en adultère.

— Je vais, au moins, constater devant témoins...

— Pardon ! Il vous faut, pour cela, l'autorisation du juge et la présence du commissaire. Les avez-vous sur vous ?

Cette tranquillité de jurisconsulte avait abasourdi M. Péconté.

— Madame, fit-il violemment à son épouse, habillez-vous plus décemment et suivez-moi !

— Madame n'a pas de vêtements ici, poursuivit

l'imperturbable Thomas. Elle est venue dans ce costume. Si vous voulez l'emmener ainsi dans la rue, vous vous ferez faire un bon procès-verbal pour outrage aux mœurs. Les textes sont formels. Six mois de prison. D'ailleurs, vous n'avez pas le droit de rien toucher avant la vente. Vous pouvez saisir sur le papier, mais il vous est interdit d'emporter quoi que ce soit.

— Finissons-en, monsieur, fit l'huissier évidemment décontenancé. Mettons que je n'ai rien vu...

— Ta ! ta ! ta ! ta ! continua mon ami, vous n'avez le droit de rien dissimuler au vertueux créancier qui me fait saisir par votre ministère. Complicité avec le saisi ! Vous verrez ce que la chambre syndicale en pensera.

Et, d'un ton d'autorité, il dicta au clerc interdit qui guignait les callipyges avantages de madame Péconté confuse :

— Dito, un appareil à douches, avec ma femme toute nue dedans.

Et vous allez me faire signer, mon gaillard ! Et vous signerez avec moi. C'est la loi ! Et vous m'allez instituer sequestre. A la vente, maintenant !

Et les bras croisés, il contemplait son ennemi vaincu, qui s'était laissé choir sur une chaise, les bras ballants, dans la pose d'un découragement désespéré. Et il lui répétait, en le narguant :

— C'est la Loi !

ÉCHO BALNÉAIRE

ÉCHO BALNÉAIRE

I

Ce n'est pas au bord de la mer que je vous conduis, de la mer mélancolique attendant encore le soleil d'été et, avec le soleil, les baigneuses au rire sonore qui descendent vers son lit de sable en se tenant par la main. Car celle qui fut, dit-on, la mère de Vénus a gardé aux filles de celle-ci une tendresse fidèle et vous avez certainement entendu le bruit de baisers que fait la vague, soudain apaisée, quand une belle femme lui livre l'ivoire luisant de ses jambes nues, puis se retourne, croupe à croupe, pour tendre ses reins à la vivante caresse de l'eau. Mais voilà ce que cet été sans chaleur n'a pas permis encore, et c'est loin de l'Océan, comme de la Méditerranée bleue, que nous irons chercher les Parisiens proscrits de Paris par eux-mêmes, exil volontaire qui n'a jamais été de mon goût. Une station en pleines montagnes, dans un défilé que le soir emplit de grandes ombres pareilles à des dragons, une station sérieusement médicale d'ailleurs et qui n'est fréquentée que de gens ayant vraiment à se refaire par un consciencieux traitement. Vous la nommerai-je ? Non, certes. Car il s'agit d'une aventure récente et rigoureusement authentique. Je ne voudrais pas causer à ce pauvre marquis de... Floripète, si vous voulez, des ennuis dans son ménage. Ce sont façons qui ne sont pas les miennes. Cherchez en Dauphiné : une station qui n'est à la mode que depuis quelques années et qui ne passe pas pour abonder en amusements. A peine un casino, et quel casino ! On y vient beaucoup en famille et, comme l'endroit est fort resserré, il y est très malaisé de faire des cocus, les maris surveillant facilement leurs femmes. Alors que deviennent ces tant précieux célibataires qui, eux aussi, viennent faire là un mois de villégiature forcée ? Notez que les eaux qu'on y prend ne sont pas lénifiées par la calmante floraison des nénuphars. Au contraire ! Elles sont apéritives dans tous les sens et quelque peu laxatives aussi ; également propres à relâcher les mœurs et le reste. Certes, les célibataires seraient bien malheureux là-bas, si mademoiselle... Ah ! comment la nommer encore? si mademoiselle Honorine Ménichon ne pourvoyait, depuis plusieurs années, à leur sort digne de pitié.

II

Car ce n'était pas pour la première fois que cette miséricordieuse personne arrivait, dès le premier juillet, occuper sa philanthropique fonction. Seule, absolument seule à vendre des sourires (quelle métaphore charmante nous a fournie l'Odéon!), sans concurrente dans ce commerce gracieux, elle était la consolation des garçons et des veufs, voire des époux en congé, comme cet excellent Floripète, qui avait envoyé sa femme dans sa famille. Mademoiselle Ménichon n'avait pas à craindre, comme on dit, de morte saison. Après les rendez-vous du matin, pris dans une promenade à la buvette, sous la rose caresse de l'aurore, ses heures du jour étaient consciencieusement remplies. Elle était, pour beaucoup de baigneurs, le complément du traitement, un complément plus agréable que le traitement lui-même. Car n'imaginez pas quelque matrone, de celles qu'on nomme vieilles gardes, pour ce que Cambronne a trouvé ce qu'il y avait encore de mieux à leur dire,

Débris d'humanité pour l'éternité mûrs,

comme a plus noblement écrit Charles Baudelaire, néant de ce qui fut l'amour, fantômes de ce qui s'appelait la grâce et la jeunesse. Fi des vieilles sempiterneuses, comme disait Rabelais, dont les sourires n'ont plus de dents et qui voudraient cependant nous les débiter encore, marchandes de rogatons dont les affamés eux-mêmes ne voudraient pas ! Non ! non ! notre Honorine n'était pas de celles-là : une belle créature qui avait tout au plus la trentaine, bien en chair comme un poulet de Bresse, et plus blanche encore, bien pourvue de ce qu'il faut pour occuper un corset et un siège. *Arcades ambo*, eût-on pu dire avec Virgile, des durs hémisphères dont elle emplissait son fauteuil. Mais je n'ajouterai pas comme le poète latin : *Ambo cantare periti*. Car la chanson que chantent ces bergères-là n'est pas pour plaire aux gens de bon ton, les seuls lecteurs que je me permette. Je demande pardon au visage de mademoiselle Ménichon de n'en parler qu'après l'autre. Elle avait encore de beaux cheveux châtains encadrant un front qui n'avait rien de rêveur ; des yeux d'un bleu sombre, mais souriant, de vrais abîmes pour rire, sans mystérieuses profondeurs ; une jolie bouche, ma foi, et fort agréablement sensuelle. Ah ! ah ! mes gaillards ! vous ne plaignez plus maintenant ni les veufs, ni les célibataires, ni les maris libérés !

Eh bien ! si vous pouviez les envier hier, vous auriez vraiment tort de ne pas les plaindre aujourd'hui.

III

De quoi, diable se mêle la morale publique? Il faut que je sois d'une indécrottable innocence, mais je n'ai pas compris encore pourquoi l'avant-dernier numéro du *Courrier français* avait été saisi. Ne saurait-on plus montrer de femmes nues dans les images? Mais ce n'est pas mon affaire de critiquer ce que font les personnes au pouvoir. Je constate qu'elles y voient plus loin que moi, et que les artistes eux-mêmes peut-être, dans les malhonnêtes intentions qu'elles leur supposent. Pour en revenir à mon dire, je confesse que les intentions de mademoiselle Ménichon n'avaient rien de douteux et n'étaient obscures pour personne. Mais quel mal faisait-elle, je vous prie? Ne peut-on plus vendre, non plus, des sourires maintenant? Ces beaux rêves de continence pour l'humanité sont de simples billevesées. Une société où ils triompheraient serait insupportable à vivre. Ah! Dieu a bien su ce qu'il faisait en promettant le ciel à Madeleine et en ouvrant le Paradis à la femme adultère. Le séjour des bienheureux n'eût pas été supportable sans cela. Les saints menaçaient sérieusement de se suicider en se précipitant des hauteurs du firmament sur nos têtes, s'il vous plaît. Il y avait là un sérieux danger pour les habitants de la terre, qui n'auraient pu se protéger contre ces bolides canonisés qu'en se réfugiant sur la tour Eiffel où il n'y a vraiment de place pour tout le monde. C'est uniquement pour nous éviter ce malheur que Dieu déjà nommé a encanaillé sa cour de quelques demi-mondaines. Mais on ne peut pas exiger de tous sa sagesse divine. Evidemment l'administration de la station balnéaire que j'ai refusé de nommer n'entra pas dans les sages idées du Créateur quand elle conçut le ridicule projet d'entraver mademoiselle Ménichon dans ses négoces. Les pères de famille s'étaient peut-être plaints ! La belle raison ! Pour quelques collégiens qui se déniaisaient trop tôt, convient-il de s'opposer à l'expansion des sentiments les plus naturels dans le reste de l'humanité ? Qu'ils nous fichent la paix, ces morveux, si le souci de leur fleur d'oranger doit nous interdire, à nous, les belles floraisons d'amour qui, seules, font de la vie un jardin plein de roses ! Enfin, d'où que ce vent d'intolérance ait soufflé, il est certain que des mesures furent résolues pour que le comptoir des sourires d'Honorine fût fermé.

IV

Horresco referens ! Cela se passait il y a deux jours. Comme à l'ordinaire, l'innocente créature, qui n'avait pas pour le persil la même horreur que le perroquet, descendait, sous les premiers rayons du soleil, à la buvette, dans l'intention d'y reprendre le cours de ses opérations. On lui avait annoncé, — ces dames ont une gazette avec des reporters spéciaux, — on lui avait, dis-je, annoncé de Paris l'arrivée du marquis de Floripète, qui passait pour fort généreux avec les dames de son état, bien que marié, comme cela arrive souvent, à une charmante femme qui lui donnait bien davantage pour rien du tout. Il s'agissait de séduire cet opulent gentilhomme. Aussi la délicieuse toilette qu'avait faite Honorine, dans la candeur de ses projets! Un peignoir crème rayé de larges bandes roses, un délicieux petit chapeau de paille sur lequel palpitaient des roses grandes ouvertes et de petites mules mordorées d'où sortait un bas noir bien tendu. Un vrai poème. Faut-il que les administrations soient impitoyables et insensibles à la beauté! On signifia à mademoiselle Ménichon qu'elle eût à quitter la place qu'elle emplissait de sa promenade triomphante, comme un paon qui fait la roue. Elle fit d'abord semblant de ne pas comprendre, mais, comme on insistait, elle eut un éclair de génie.

— Et mon traitement! fit-elle. Vous n'avez pas le droit de m'empêcher de faire mon traitement.

Elle s'était élancée sur le premier verre venu et l'avait avalé d'un trait, au grand étonnement de la débitante de cette eau viciée.

Et comme on l'invitait à sortir ensuite.

— Pardon! fit-elle. Je dois en prendre un de cinq minutes en cinq minutes. Le médecin me l'a ordonné.

Le cas devenait difficile pour les austères gardiens de la morale. Les eaux guérissantes sont la propriété de l'Etat, c'est-à-dire à tout le monde, et on n'a aucun droit de les interdire à qui la Faculté en ordonne l'usage. Ce mode de résistance passive n'avait pas été prévu, et il dut être sursis à l'exécution du décret d'expulsion.

De cinq minutes, en effet, en cinq minutes, montre en main, mademoiselle Ménichon se dirigeait de nouveau vers la source et absorbait un verre plein.

Elle était à son dixième quand le marquis Floripète parut enfin. Il était temps! Floripète était prévenu. Deux heures après, ils devaient se retrouver à une portée de voiture de là, dans un village voisin qui servait de faubourgs aux amours d'Honorine.

V

Lugete veneres! Vous n'avez pas oublié qu'une certaine puissance laxative très prononcée était parmi les qualités de ces tant précieuses eaux. Tout ce que put offrir la pauvre Honorine au marquis Floripète, c'est la vue d'une magnifique colique dont vous me dispenserez de vous raconter les péripéties. Floripète, qui n'était pas venu précisément pour ce spectacle, s'en fut l'oreille basse, — je dis l'oreille seulement dont on peut chastement parler en tout cas. La confusion qu'éprouva mademoiselle Ménichon de cette mésaventure fit ce que les rigueurs de l'administration n'eussent vraisemblablement pas obtenu d'elle. Elle a disparu, depuis hier, de ces lieux longtemps embellis par sa présence. Pauvres veufs! Pauvres célibataires! Pauvres maris libérés!

LA DERBOUCA

LA DERBOUCA

I

Devant l'estrade aux tentures orientales où elle trônait, ayant à sa droite son père et sa mère à sa gauche, lesquels avaient eux-mêmes pour voisines accroupies une belle demi-douzaine de Tunisiennes de Montmartre, un nègre affreux achevait de démoniaques contorsions avec des rires épileptiques qui découvraient ses dents pareilles à deux scies d'ivoire, arcboutant un bâton sur son cou maigre, secouant ses jambes sans mollets que recouvraient des culottes trop courtes. Et cette danse sans grâce avait pour accompagnement un grand bourdonnement de tambourins et de cris sauvages, de vrais gloussements gutturaux et stupéfiants.

Enfin, et pour clore le spectacle, elle descendit à son tour. Un frémissement de faux sequins enveloppait sa belle tête brune, nonchalante sous la transparence des gazes lamées d'or et arrondissant les bras comme pour mieux tendre sa petite veste de velours aux broderies fantasques. Puis elle détacha de sa large ceinture de soie un foulard qu'elle fit pirouetter d'une main au-dessus de sa chevelure sombre, infléchissant ses hanches au caprice de rythmes mélancoliques, se tordant sur sa base comme un serpent qui se réveille, évoluant, pour ainsi parler, autour de son nombril, immobile comme un nénuphar sur la surface tremblante des eaux. Et ses pieds, chaussés de petites mules soutachées, étaient comme collés l'un à l'autre, tout ce grand mouvement de son corps s'effectuant comme sur un pivot. De lentes mélopées berçaient cette mimique avec une douceur lointaine comme un rayon de soleil de là-bas réfléchi et amorti dans le miroir obscur d'une source. Autour d'elle s'élevait la vision des minarets blancs sur l'azur foncé du ciel et des fumées, s'élevant droites dans les vibrantes atmosphères, et des chameliers s'arrêtant au au bord des fontaines comme au temps biblique de Rebecca, tout ce décor africain que brûle l'incendie d'un infatigable été, les brumes rouges amassant, au couchant, les voiles où flotte l'espoir incertain des oasis.

Et un peu de volupté vraie était au fond de ce spectacle, dans les tortillements musicaux de ce corps souple et jeune qu'éclairait un impassible sourire entre des lèvres sanglantes comme une blessure. Avec deux mouchoirs maintenant elle exécutait des chassés-croisés au-dessus de sa tête, balançant celle-ci avec des coquetteries voulues, pleines à la fois d'encouragements et de nennis, avec des regards provocants et moqueurs, en chantant une chanson vague et qui appelait le sommeil.

Enfin lasse, elle salua et s'en fut regagner sa place, ou elle reprit sa derbouca...

— Pas un mot de plus, me dit mon sensible ami, le docteur de la Faculté d'Edimbourg Mac-Ekett.

Et comme nous nous arrêtions étonnés.

— C'est de la belle Fatma que vous parlez certainement? me demanda le général chinois Hing-Kong-Rui-Té, qui parle français comme un professeur en Sorbonne.

— Non! lui répondis-je. Mais de la belle Raoudjé qui s'intitule fastueusement, sur une toile peinte : plus belle que Fatma, ce qui est un mensonge, car Fatma est réellement un modèle de beauté.

— Raoudjé! Raoudjé! murmura d'une voix éteinte mon sensible ami le docteur Mac-Ekett.

Et nous dûmes lui faire prendre, par petites gorgées, un grand verre d'eau sucrée pour l'empêcher de s'évanouir.

II

Quand il fut remis de cette faiblesse, sur un ton dolent encore, il commença le récit suivant, après nous avoir formés en cercle étroit autour de lui, comme il convient pour quelque douloureuse confidence :

— Mes amis, nous dit-il, ce mot de derbouca, ce nom de Raoudjé m'ont rappelé une aventure récente encore et certainement une des plus curieusement tristes de mon aventureuse existence. J'avais quitté l'Ecosse, depuis quelques années déjà, et je me trouvais à Copenhague, hospitalier pays s'il en fut, quand la charmeresse dont vous parliez tout à l'heure y vint donner des représentations qui furent fort suivies, même par la Cour. Nous autres, montagnards, nous avons le cœur pareil à nos aigles qui prennent des vols éperdus dans l'azur et, comme ceux-ci regardent en face le soleil, nous ne savons pas fuir les éblouissantes clartés de l'amour. Elle m'apparut comme un astre se levant dans le ciel encore embrumé de mon rêve et m'y souriant par une large déchirure. Pour peu que vous ayez admiré la splendeur lunaire de l'arrière-train de cette admirable créature, vous ne trouverez pas ma comparaison exagérée. O mirifique rotondité, majestueux épanouissement, rondeurs jumelles dont un firmament eût été défoncé, je ne vous reverrai plus !

Et mon trop impressionnable compagnon étouffa

un tel sanglot dans sa gorge que sa cravate en faillit péter. Puis il reprit, après un moment de silence recueilli :

— J'en étais amoureux fou au bout de cinq minutes, amoureux à me jeter à terre pour baiser le bout de sa chaussure et mouiller ses cheveux de mes larmes. Je me renseignai bien vite et je me sentis inexorablement malheureux. Tout espoir m'était interdit. Le père de cette almée, le vénérable Ali-Men-Toutou-Fairpipi, était intraitable sur le chapitre des mœurs et sa mère, l'auguste Neridjé-Mal-Onéné était d'une famille de rosières de Tanger, célèbre séculairement, par la chasteté de ses filles. De plus, un nègre affreux et très dévoué à ses maîtres, l'odieux Kalibou-Rococo, veillait aussi jalousement sur ce trésor que s'il eût dû le posséder quelque jour, la vilaine bête noire qu'il était. Quoique homme de science, j'allai consulter une somnambule qui, sans même se donner la peine de s'endormir, me donna les conseils les plus judicieux du monde.

III

J'étais dans les meilleurs termes avec le préfet de police de la Grand'Ville, un homme distingué et intègre qui aimait les chiens, ce qui est d'une bonne nature. Avec un grand air de franchise j'allai lui dénoncer l'odieux Kalibou-Rococo comme l'auteur d'un crime imaginaire. Il me remercia du service que je rendais à son pays et m'assura que le drôle serait arrêté le soir même. Mon plan était simple. Me déguiser en nègre moi-même et prendre immédiatement la succession du faux coupable. En quittant le bienveillant magistrat je fus m'acheter tout ce qui était nécessaire à cette transformation et, deux heures après, j'étais d'une belle couleur de suie avec une chevelure frisottée au petit fer qui me donnait l'air d'une grosse boule de laine. Une seule chose m'embarrassait : je ne savais pas jouer de la derbouca. Car il me faut vous rappeler, à cette occasion, que la derbouca est cette façon de cruche allongée dont le fond est un parchemin tendu qui résonne sous les doigts, imitant tour à tour le tambourin et la grosse caisse et qui est l'instrument essentiel de ces benoits orchestres tunisiens dont le vacarme s'entend de la barrière du Trône à l'avenue de Neuilly, au temps glorieux des solennités foraines. J'en improvisai une avec un vase japonais défoncée et mon diplôme de bachelier dont je le fermai solidement à un bout, avec une ficelle. Br ! Br ! Br !... Pan ! Pan ! Pan !... Je ne me croyais pas si musicien ! Après quelques gammes et arpèges j'étais le Paganini de la derbouca. J'avais surtout un coup de poing pour entrer en matière qui eût envoyé à cent mètres une bille posée sur le parchemin qui le recevait. Et, me sentant fort, je caressai les rêves les plus voluptueux et les plus immédiatement réalisables. Car on ne pouvait se passer de nègre pour la représentation, et, la place devenant vacante, le succès de ma candidature était assuré. Raoudjé était à moi... Raoudjé avec sa noire chevelure qui lui venait balayer les talons quand elle se renversait en arrière, sa gorge tendue sous les trahisons de sa gaze lamée.

IV

Mon programme s'accomplit de tous points. Cinq minutes avant la fin de la parade, l'odieux Kalibou-Rococo était vivement appréhendé par la maréchaussée danoise qui, comme la nôtre, est intrépide au nombre de cinq contre un. Cinq minutes seulement furent accordées au malheureux pour mettre quelque ordre dans ses effets, mais les issues furent soigneusement gardées. A quoi les passa-t-il ces cinq minutes fatales ! Vous allez l'apprendre et je ne veux pas aborder, avant que cela devienne nécessaire à la limpidité de mon récit, une matière qui n'est pas du goût des personnes poétiques. Sachez seulement que le drôle était de l'espèce des singes qui, lorsqu'on les contrarie, se vengent en laissant partout des traces de leur naturelle incongruité. Tout devient alors, à ces vilaines bêtes, le vase que les Grecs nommaient *amis* et qui n'a pas coutume d'être mis sur les buffets de salle à manger. Elles font chaise percée de tout ce qui leur tombe sous la... main, et c'est pourquoi la fréquentation de ces faux bipèdes est toujours dangereuse aux personnes qui ne sont pas résolues à céder à tous leurs caprices.

Après avoir soulevé ce coin de rideau sur les

occupations suprêmes de Kalibou-Rococo avant de quitter sa tente, je me bornerai à vous dire qu'il partit, étroitement escorté, et en jetant, dans la foule à laquelle je m'étais mêlé, un mauvais regard, comme s'il eût deviné qu'il me devait son emprisonnement.

Le désarroi était grand parmi les concertants. Pas de nègre ! Quel coup porté à la couleur locale ! Je m'avançai et fis, en mauvais sabir montmartrois, mes offres de services. Le vénérable Ali-Men-Toutou-Fairpipi comprit merveilleusement ma pantomime. La chaste Feridjé-Mal-Onéné m'appela son fils et l'adorable Raoudjé me jeta un sourire reconnaissant. En effet, je sauvais tout simplement la recette. On m'installa sur l'estrade et on me mit sur les genoux la derbouca de ce gredin de Kalibou-Rococo.

V

Ah ! mes amis ! Je ne sais pas si vous avez deviné... J'avais simplement râclé l'instrument du bout du pouce pendant les danses banales des indignes compagnes de Raoudjé. Je m'étais réservé pour le pas voluptueux de celle-ci J'avais gardé mon bel effet de coup de poing. Elle était descendue. On préludait et, pour que mon son arrivât mieux et dans toute son intensité aux oreilles de mon nouveau patron, j'avais tourné vers sa face le pavillon de ma derbouca. Pan ! Je lâche mon effet. C'est comme un coup de canon! Mais, ô miracle! ce canon était chargé. Comme un volant que vient de souffleter la raquette, quelque chose s'est envolé de la cruche et va tomber en plein sur le ventre puissant du vénérable Ali-Men-Toutou-Fairpipi. Ce singulier oiseau qui provenait tout simplement du Jardin d'Acclimatation intestinal de ce malpropre Kalibou, s'était abattu au milieu du burnous de mon maître. Un cri de surprise et d'horreur avait retenti. Ce n'était pas le genre de colombes qu'on offrait autrefois à Vénus. La pauvre Raoudjé s'était trouvée mal. D'un revers de sa main puissante, le vénérable Ali-Men-Toutou-Fairpipi m'avait aplati contre les planches de clôture, et l'auguste Feridgé-Mal-Onéné m'arrachait les cheveux. Mon ami le préfet de police, qui assistait à la représentation et ne m'avait pas d'ailleurs reconnu, m'arracha des mains de ces forcenés. Mais Raoudjé était à jamais perdue pour moi.

Et le sensible docteur Mac-Ekett se laissa tomber dans les bras du général chinois Hing-Kong-Rui-Té qui, de son mieux, le consola en mêlant ses larmes aux siennes.

CANDEUR

CANDEUR

I

Les promeneurs s'arrêtaient volontiers devant elles quand elles jouaient au jardin des Tuileries, poussant leur cerceau sur le sable des allées ou effleurant du vol de leur ballon l'envers des larges feuilles des marronniers. Mais ils les contemplaient plus volontiers encore quand la lassitude du jeu les jetait, haletantes comme des biches forcées et pareilles à des roses sous la matinale rosée, au coin de quelque banc ou sur quelque fauteuil de fer qu'elles n'occupaient pas à elles deux. L'essoufflement passé et la buée séchée au front, Marguerite semblait tomber dans une façon de rêverie douce, et ses yeux, où semblait passer déjà l'âme d'une femme, s'arrêtaient, pensifs, sur les jeunes garçons dont les cheveux encore bouclés fouettaient les larges cols de chemise. Je ne sais quoi de précocement attendri éclairait son pur visage d'enfant d'une lumière sensuelle, et cette contemplation certainement innocente et mystique était comme scandée par des sourires vagues et des regards perdus qui s'en allaient où s'en vont, sans doute, les chansons des oiseaux et les parfums des fleurs, vers ces paradis lointains dont la vie, ange inexorable, garde plus tard la porte. Tout autre était le repos de mademoiselle Antoinette. Celle-ci tirait alors de sa poche quelque poupée et la posait affectueusement sur son bras dans la pose des nourrices, puis la baisait au front ou lui disait mille tendresses folles ou lui recommandait d'être bien sage. Cette comédie charmante de la maternité, elle la jouait avec un entrain et une passion très particulière, y mettant certainement plus que les minauderies ordinaires aux petites filles de son âge. Quand toutes deux furent un peu plus grandes, cette différence dans les aspirations s'accentua. C'était aux beaux sous-lieutenants regagnant le quartier du quai d'Orsay, sanglés dans leur veste, une cravache sous le bras et très remarqués aussi de mainte honnête bourgeoise faisant de la tapisserie ou du crochet sous les grands arbres durant que son mari compilait des dossiers dans quelque bureau, c'était, dis-je, à ces nobles muguets qui font les beaux dans les jardins publics en attendant qu'ils se fassent tuer pour la Patrie, que s'adressaient, en dessous, les œillades mélancoliques et les soupirs étouffés de Marguerite. Quant à Antoinette, elle ne se contentait plus des bébés qu'on achète chez les marchands ; mais, à quelque bonne bénévole, elle empruntait un vrai nourrisson qu'elle installait de son mieux sur ses petits genoux et qui pleurait comiquement quand quelqu'unes des mèches perdues de sa chevelure blonde toujours dénouée lui venait chatouiller les paupières ou les joues.

Autre signe distinctif de chacune d'elles : Marguerite cédait volontiers à la volonté des autres, sans grande force de résistance contre quoi que ce soit, tandis qu'Antoinette, au contraire, était irrévocablement résolue dans ses desseins.

II

En regardant, comme les badauds dont je parlais tout à l'heure, les petites filles qui s'amusent devant les…

> … Concerts riches de cuivre
> Dont les soldats parfois inondent nos jardins,
> Et qui, dans les soirs d'or où l'on se sent revivre,
> Versent quelque héroïsme au cœur des citadins,

comme disait Baudelaire, ne vous êtes vous jamais pris à chercher ce qu'elles deviendraient une fois femmes? C'était les petites vieilles — débris d'humanité pour l'éternité mûrs — que suivait par quelque mélancolique caprice, le poète des *Fleurs du mal* et revivait-il passionnément, avec elles, les caresses et les douleurs passées qui avaient laissé une honte ou une ride à leurs fronts. Une fantaisie pareille m'a souvent acharné au secret que portent sur eux ces jeunes visages qui ne semblent d'abord qu'un regard bleu et un sourire rose, un coin vivant du ciel et le bouton d'une fleur sauvage. J'ai souvent interrogé ces physionomies rapides où la pensée ne met guère encore qu'un frisson pareil à celui que les souffles du matin font passer au front d'argent des ruisseaux. Celles-ci m'ont fait, par avance, pitié pour les misères à venir et de celles-là me sont venues des terreurs devineresses en songeant au mal qu'elles feraient sur leur chemin. C'est dans ce joyeux troupeau de fillettes aux jupes courtes qui s'égrènent en courses folles ou se resserrent en rondes sonores que se cachent des martyres et que se cachent aussi des bourreaux. Dans ces petites poitrines que les battements du cœur soulèvent comme un voile est enfoui le trésor de bien des souffrances subies ou imposées, toutes les trahisons et toutes les tortures dont mourront les hommes qui aimeront après nous. Tout est redoutable dans les inconscientes victimes du sort, dans ces implacables faucheuses de destinées. Celle-ci porte dans son regard la flamme qui luisait aux yeux d'Hélène et qui allumera quelque Ilion. Dans celle-ci je reconnais Andromaque, quelque obscure héroïne dont les pleurs grandiront les eaux du Simoïs, pour parler comme le poète. Ah ! les guignols peuvent bien s'époumoner sous les grands ombrages et les pourpres tragiques du couchant peuvent bien descendre sur les allées et y tracer, à travers les frondaisons incendiées, de larges traînes de sang. Le vrai charme de ces soirs d'été dont la retraite interrompt les bruyantes joies, est tout entier dans ces sphinges mignonnes qui portent si gaiement au front le plus redoutable des mystères et prophétisent nos tristesses à venir dans de grands éclats de rire et dans de vives chansons !

III

Marguerite ayant trois ans de plus qu'Antoinette, il était tout naturel qu'elle se mariât la première. Étant également donné son peu de volonté et sa résignation en toutes choses, il était également fatal qu'elle épousât un homme à l'envers de l'idéal qu'elle s'était toujours fait. Les familles ont toujours eu un talent particulier pour imposer ce genre de sacrifice à ceux et à celles qui ne se savent pas se défendre. C'est une ombre à la légende respectable d'ailleurs du foyer. Ce n'était pas que M. de Mireval, son mari, fût plus mal que beaucoup d'autres. C'était même un quadragénaire bien conservé, un peu gros, manquant tout à fait de ce que les jeunes filles appellent bébêtement : Poésie. Rien absolument du bel officier, du Phébus entrevu entre deux parties de raquettes sous les grands arbres. Une façon de bourgeois bien mis faisant son gentilhomme. Un cocu avant peu, m'allez-vous dire? Comme vous vous trompez! Je suis sincère en déclarant qu'il y a, dans le vrai monde, beaucoup moins de cocus qu'on ne l'imagine. Expliquez autrement le succès des drôlesses qui n'ont sur les honnêtes femmes que l'avantage contestable d'une mauvaise éducation. Ce n'est pas seulement à la vertu des femmes qu'il convient de rendre cet hommage, mais aussi à l'absence de tempérament, laquelle a souvent raison même de la curiosité. Antoinette devait demeurer irréprochable en dépit des aspirations d'autrefois, lesquelles s'étaient refermées, comme des ailes blanches, sur le nid douloureux de son âme, sans tenter le vol intrépide des cieux. M. de Mireval l'avait d'ailleurs immédiatement pourvue de deux enfants. Elle était pleine de bonté pour eux; mais cependant on eût pu lire dans ses yeux, quand elle les regardait, quelque chose ressemblant à un silencieux reproche. Elle n'avait avec eux aucune de ces expansions triomphantes des mères et on eût dit qu'un peu de rancune empoisonnait les baisers qu'elle mettait le soir sur leur petit front. Antoinette, au contraire, qui était restée son amie, n'approchait jamais des berceaux que comme une bourrasque de caresses. Elle mangeait des lèvres les pauvres petits et leur parlait avec mille grimaces exquises, ce joli langage d'oiseau qui étonnerait, au moins, autant les passants que les grammaticiens.

Comme toute jeune fille dont une amie plus âgée

se marie, elle avait voulu d'abord interroger Marguerite sur les secrets de cette première nuit dont on parle tant pour n'en rien dire! Mais Marguerite avait toujours décliné le sujet avec obstination et même un peu de mauvaise humeur. Elle avait d'abord répondu par des soupirs, puis en faisant sentir nettement que l'entretien n'était pas de son goût.

IV

A son tour enfin, Antoinette a revêtu la toilette blanche des mariées. Demeurée blonde, elle semble un rayon de soleil de décembre frissonnant dans la neige et c'est comme une poussière d'or vivant qui frémit sous la candeur de son voile. Ses yeux aussi sont restés bleus et semblent deux coins de ciel printanier sous la transparence des rideaux, quand les pommiers roses mettent leur joli ramage de couleur aux croisées. On ne saurait imaginer, à vrai dire, rien de plus charmant qu'elle. Les lys glorieux eussent pu en être jaloux. Car elle était triomphante au possible sous ce deuil blanc de la virginité et ce jour semblait bien pour elle le plus beau de la vie. Impossible de marcher avec un front plus innocent au sacrifice de son innocence même.

Et pourtant, elle non plus, ce n'était pas Adonis qui allait partager sa couche pour parler le noble langage qui convient en cette matière. Si Endymion eût ressemblé le moins du monde à M. Des Engrumelles, il est certain que Diane ne fût pas descendue de son char de lumière pour venir baiser dans un rayon ses yeux clos sur quelque rêve voluptueux. Pas plus que M. de Mireval ce n'était un homme de première jeunesse. S'il n'avait pas vingt ans dans quelque coin du cœur, il les avait au moins deux fois sur la tête... Une petite tête chauve où venaient délicieusement patiner les mouches. Son ventre devait être comparable, sous son pantalon, à un autre crâne beaucoup plus gros, mais aussi luisant et non moins rond. Eh bien! elle l'avait préféré ainsi à un tas de jolis garçons qu'on lui avait fait passer sous les yeux. Il avait dix-sept frères et sœurs et il lui restait encore douze oncles et tantes, ce qui impliquait une famille d'une singulière fécondité. De plus, il avait une belle fortune et Antoinette avait paru singulièrement touchée de ce détail, tout en disant d'un air mystérieux :

— Oh! ce n'est pas pour moi!

Comme elle achève de lui arranger au-dessus du front le traditionnel bandeau de fleurs d'oranger, Marguerite la contemple et murmure :

— Toi si charmante! toi si belle! Enfin!

Et c'est un gros soupir qui lui gonfle la poitrine.

— Que veux-tu dire? lui demanda Antoinette. Parle, ma chérie.

Et, comme Marguerite se tait :

— Voyons! Parle! Dis-moi ta pensée.

— Tu le veux, eh bien! je suis indignée, révoltée contre toi. Tiens! je te battrais si je n'aimais mieux t'embrasser.

— Qu'ai-je fait, mon Dieu?

— Oh! rien. Tu n'as même pas, sans doute, regardé ton mari?

— Ma foi non! pas beaucoup.

— Mais il est affreux, ma chère! Plus vieux, plus obèse que M. de Mireval lui-même.

Antoinette se mit à rire de toute la blancheur musicale de ses dents.

— Ah bien! si tu t'imagines que c'est pour sa beauté que je prends un mari?

— Pour sa fortune, alors?

— Oh! vilaine! Non! tout simplement pour avoir des enfants, comme toi.

— Mais, malheureuse! qui t'assure?...

— Les bonnes traditions de sa famille d'abord. Et puis, tu sais, ce que je veux, je le veux.

— Oh! ce qu'on veut dans ce cas-là!

— Je te dis que je suis décidée à faire des pieds et des mains pour en avoir!

Marguerite regarda Antoinette avec une compassion douce et lui dit, avec un accent de tristesse convaincu :

— Ma mignonne, ça ne suffit pas.

LE BON GÉNIE

LE BON GÉNIE

I

— Connaissez-vous rien de plus sot, me dit un jour un des plus grands sots que j'aie connus, que cette coutume égyptienne d'enterrer avec soi des chiens et des chats momifiés comme des Pharaons eux-mêmes et de s'encombrer encore, après la mort, de toute cette canaille domestique ?

Je dédaignai absolument de répondre à cette question. Parbleu! oui, je connais plus sot que cela et je n'aurais pas à chercher loin pour le trouver.

— Alors, vous ne croyez pas, me contentai-je de

répondre après un court silence, aux bêtes génies familiers du foyer.

Il partit d'un grand éclat de rire.

— Eh bien! monsieur, moi, j'y crois absolument. J'ai à l'endroit des animaux, qui nous font l'honneur de vivre avec nous, autant de superstition que les antiques éleveurs de pyramides. J'ai deux cardinaux, deux oiseaux rouges admirables que m'a donnés autrefois le pauvre Thilda, dont il ne faut pas oublier le nom ici, et, en dehors du prix de souvenir que j'y attache, je ne les verrais pas s'envoler ou mourir sans croire que quelque esprit bienveillant à mes destins s'enfuit avec eux. Il suffit de regarder ces hôtes tranquilles de nos demeures pour se convaincre qu'ils entendent jouer un rôle dans la maison. Tout est mystère dans le regard inquiet dont le chien nous contemple quelquefois, et le ciel lui-même, le ciel nocturne et constellé, n'a pas plus de secrets que les larges prunelles étoilées des chats qui vous enveloppent d'un rayonnement. Tout n'est pas dit sur l'intimité profonde des êtres que la communauté des besoins réunit. Tout est moins dit encore sur ce qui vit d'âme universelle dans les créatures que nous jugeons inférieures à nous. Qui sait si les dieux dont l'hypothèse me paraît infiniment plus probable que celle d'un Dieu unique ne se cachent pas dans ces corps moins glorieux que les nôtres pour y tenter nos instincts et juger, par avance, des destins ultérieurs que nous méritons! Je n'aimerais pas à commettre une mauvaise action devant mon caniche. On méprise l'âne et on le maltraite. Je sais pourtant une histoire très à l'honneur de cette arcadique bête et qui prouve mon dire mieux que tous les raisonnements.

II

Celui-là était cependant un rustique baudet et de bien campagnarde allure. Il avait été si charmant, comme tous ses pareils. Car rien n'est plus exquis qu'un ânon vêtu de velours naturel comme un jeune Auvergnat. Mais les rudes travaux lui avaient bien vite enlevé le beau duvet de jeunesse, et mornes, ses oreilles s'étaient lentement abaissées sous le bâton. Il n'avait gardé, de ses nobles appétits naturels, qu'un goût prodigieux pour l'amour, dont les animaux font au moins autant de cas que nous. Car c'est merveille, dans l'état où nous les mettons, de les voir encore prêts à se ruer en délices, et vous connaissez tous la belle voix qu'ils ont alors pour appeler la bienaimée, souvent captive comme eux, entre les brancards et sous de grossiers harnais. C'est qu'ils sont moins difficiles que nous pour la toilette de leurs maîtresses. Cette bonne et foncière paillardise n'est pas ce qui m'intéresse le moins à ce frère aîné de Midas, et Rabelais lui dut une de ses meilleures pages.

Mon héros s'appelait Gaillard, un sobriquet plaisant que son maître lui avait donné, et sur lequel il ne faudrait pas chercher, de ma part, une allusion secrète. Ils sont plus d'un à la foire, dit un proverbe, qui s'appellent du même nom. Ce maître, le fermier Thomas, était un brutal qui le rouait de triquées invraisemblables, et c'était, par surcroît, un des plus beaux cocus de Beauce, contrée plate où les fronts seuls des maris sont montueux. On eût pu comparer métaphoriquement le sien aux Alpes et aux Vosges, et ce n'est pas en le voyant qu'un grand roi se fût écrié : « Il n'y a plus de Pyrénées. » Madame Thomas lui avait confectionné cette belle chaîne de collines sur le crâne avec la fantaisie dont les géographes manquent si souvent. Un Mont-Blanc par-ci, un Canigo par-là, sans compter un microcosme de taupinières. Comme une seule personne n'eût pu suffire à une telle besogne, elle avait appelé à elle les collaborateurs les plus fameux. La petite bourgeoisie, la noblesse, la magistrature et la roture aussi y avaient apporté leur coup de main. L'armée avait fourni un contingent vraiment héroïque. Elle n'a guère d'autre raison en temps de paix, — et c'est son excuse, — que ce reboisement éternel des maris.

Le plaignez-vous, ce Thomas ? — Moi, pas le moins du monde !

III

Et j'aurais certainement aimé sa femme, comme tous les autres, si j'en avais eu le loisir. Une appétissante créature, très en chair, avec un bon sourire, et cette bienveillance professionnelle dans le regard à laquelle les fervents des amours faciles ne se trompent pas. On devinait bien vite qu'on irait rondement en affaires. Il est rare que les dames douées de cette générosité naturelle n'en témoignent pas dans les moindres circonstances de la vie. La bonté est généralement leur lot, une bonté un peu banale peut-être, mais qui n'en a pas moins son prix. Ainsi, madame Thomas adorait les bêtes, et le pauvre Gaillard en savait quelque chose, lui qui recevait d'elle autant de caresses que son butor de patron lui donnait de coups, et ne pouvait-il la voir sans braire de contentement. Aussi quand elle le montait pour quelque course dans la campagne, comme il filait sous le poids respectable cependant, mais si savoureusement charnu dont elle chargeait son échine, cette benoîte et callipétardière voyageuse! Et, comme ce n'était jamais qu'elle se mettait en route pour autre chose qu'aller retrouver quelque galant, on eût dit que le baudet apportait un zèle extraordinaire à le lui faire rencontrer plus tôt. Il sentait positivement qu'il se vengeait en servant les légitimes impatiences de sa maîtresse. Et hop! hop! hop! il prenait quelquefois le galop, sans y être incité par la moindre pression du talon, rien que pour pouvoir sans doute se dire, dans son for intérieur : « Ah! ah! mon ami Thomas! ton déshonneur ne va pas traîner! »

Et pendant que le déshonneur battait son plein, on eût dit que l'intelligente bête faisait le guet, tendant aux moindres bruits la longueur opportune de ses majestueuses oreilles, reniflant bruyamment dans l'air au moindre soupçon d'époux venant faire sottement le trouble-fête. Et, quand le déshonneur avait pris plus d'aise que de raison, ne reprenait-il pas, pour rentrer à la maison, sa course endiablée afin que la fermière ne rentrât pas trop tard à la maison. Et vous nieriez que cet être fût vraiment le bon génie des amours de madame Thomas, l'ange gardien de ses adultères tendresses, la pierre mystérieusement angulaire de ce bel édifice conjugal dont chaque étage nouveau eût été une honte pour la porte Saint-Denis! Mais attendez la fin, et je me fais fort de dissiper vos moindres doutes.

IV

Gaillard avait vieilli. Gaillard n'était plus bon à grand'chose et son maître, malgré les protestations de madame qui savait ce qu'elle perdait en lui, l'avait vendu à vil prix — presque au prix de sa peau tannée par les horions — à un de ces rôdeurs ambulants qui ramassent les débris de ferrailles le long des routes. Destin de plus en plus sombre ! Plus même la poignée d'avoine que sa maîtresse lui faisait manger quelquefois au creux de sa jolie main ! Les mauvaises herbes au revers des fossés pour toute nourriture, et de temps en temps, le dimanche, un chardon que la pitié du ciel mettait devant ses pas, maigre et poudreux entre les cailloux.

Ah! vous ne voulez pas croire à ces fatalités animales, à ces invisibles protections des petits ! Eh bien ! depuis que Gaillard avait quitté l'écurie, cette brute de Thomas avait un tas de soupçons. Il était devenu un jaloux insupportable et martyrisait son intéressante compagne par mille taquineries odieuses qui ne changeaient rien à son état. Car l'état de cocuage est indélébile. Vous verriez que si on employait exclusivement des cocus à la confection des billets de banque, ceux-ci seraient d'une bien plus difficile imitation. Aucun pastiche n'atteindrait à leur inaltérabilité. C'est un moyen que je donne pour ce qu'il vaut, au moment où la question est à l'ordre du jour. Et je vous jure qu'on ne manquerait pas d'ouvriers !

Donc ce vilain singe de Thomas, que Dieu confonde, n'y perdait rien. Le jour justement que je veux dire, sa femme avait donné rendez-vous à un superbe lieutenant de dragons, en garnison à Orléans, qui la devait attendre sous l'orme où les amoureux ont coutume de se retrouver et qui est un arbre bien fatal à la sérénité des jardins conjugaux. C'était en la saison où les blés font comme une mer d'or aux vagues frémissantes dont la terre est submergée. Dans la profondeur des épis déjà mûrs pour la moisson, on trouverait vite quelque lit bien doux, avec l'azur du ciel pour rideaux. Car, en cet endroit peu boisé, il est malaisé de contempler l'envers des feuilles et se faut-il passer des rustiques coins de verdure, avec la chanson d'une source à côté, qui tendent d'ordinaire leur fraîcheur immorale aux voluptés de ces études en plein air, pour parler le beau langage des peintres.

Oui ! mais mon Thomas avait eu vent (qu'on ne me reproche pas cette locution ! elle n'est pas de moi!) du projet caressé par nos tourtereaux — quelque indiscrétion, sans doute, d'une voisine abusant d'une confidence! — et n'avait-il pas mis le garde champêtre en chasse et requis M. le commissaire de police de dresser un bon procès-verbal contre les délinquants!

Comme tous trois marchaient en quête, le nez au vent, comme des chiens qui battent la plaine, n'aperçurent-ils pas le plus distinctement du monde un point où la surface des blés s'effondrait, formant un trou dans ce beau tapis doré qui frissonnait aux premiers souffles du soir. Haletants, ils s'arrêtèrent et bientôt le doute ne fut pas permis. Tout autour de ce gouffre, les épis qui le bordaient avaient un frémissement singulier et on sentait bien qu'une chose vivante s'agitait dans cet abîme.

— Au nom de la loi, commença le commissaire... et tous trois bondirent à l'endroit ainsi désigné.

Mais ce n'est pas les amoureux qu'ils y trouvèrent se tordant dans les inénarrables étreintes, ce fut Gaillard, le bon bourriquot, qui agonisait, et, échappant à son bourreau, abandonné peut-être par lui, était venu pour rendre là le dernier soupir, comme aiment à faire ces bêtes, à la face sereine du ciel, et comme je l'aimerais moi-même dans le calme du soleil couchant.

Cette fausse piste permit aux amants de goûter ailleurs de tranquilles délices. Ils ne s'en firent faute, croyez-le, et le commissaire traita M. Thomas comme il le méritait pour l'avoir inutilement dérangé. Ainsi, cet animal tutélaire, ce baudet réparateur, cette bourrique protectrice, trouva moyen de servir, même en expirant, sa maîtresse, tant son désir avait été, dans la vie, de l'aider à tromper son mari !

L'INATTENDU

L'INATTENDU

I

— Ainsi, vraiment, Hortense, jamais votre mari ne vous a dit le secret de sa dernière invention ?
— M. Péterski a été muet comme un saumon. Je sais seulement que mon mari doit faire ce soir, devant ses commanditaires, de décisives expériences.
— Mais le mystérieux appareil pour la construction duquel il s'est adressé à vingt mécaniciens différents, afin qu'aucun ne devinât son idée ?

— Encore dans son cabinet de travail; mais il le doit faire enlever tout à l'heure pour le faire fonctionner solennellement devant ses mandants, réunis en assemblée, dans une salle qu'il a louée exprès et dans laquelle on ne pénétrera qu'avec un mot de ralliement.

— Vous n'avez même pas entrevu l'objet ?

— Si. Une façon de tonneau avec des boutons de cuivre tout autour.

— Sapristi! murmura le jeune professeur Gambille, qui était, en cette circonstance, l'interlocuteur de madame Péterski.

Mais elle, jetant autour du cou de son ami ses bras plus que potelés :

— Onésime! s'écria-t-elle, vous ne m'aimez plus.

— Par exemple, Hortense! Mais plus que jamais je vous adore.

— Et c'est pour cela que vous passez le peu de temps que mon jobard de mari vous accorde à me questionner sur ses découvertes au lieu de...

— Pardonnez, Hortense... une simple curiosité. Et maintenant soyons tout à l'amour!

Madame Péterski étant absolument de cet avis, la conversation prit un tour d'une telle tendresse que je n'en veux plus répéter un seul mot. Elle eut lieu, d'ailleurs, dans la langue universelle qui n'a besoin de traduction que pour les sots. Si l'écho en eût pu parvenir jusqu'à M. Péterski lui-même, elle lui eût enseigné que le but qu'il avait le plus certainement atteint était d'être formidablement cocu.

Mais quel intrigant et quel plat coquin que cet Onésime Gambille! Se glisser dans la maison d'un inventeur et le tromper, non pas par amour de sa femme, mais avec l'intention secrète de lui voler ses idées ! Car, il faut bien vous le dire maintenant, celle qu'il appelait familièrement Hortense n'était pas d'un déduit autrement tentant. Elle avait mieux que la quarantaine et en était aux façons de fillette qu'affectent volontiers les dames sur le retour. Or, je ne sais rien de plus insupportable que cette espièglerie surannée, que cette mutinerie d'arrière-saison. Mais Gambille était ambitieux et on disait couramment, dans le monde, que Péterski avait mis la main sur une découverte qui ferait la gloire et la fortune de son auteur.

Comme elle se penchait reconnaissante, sur son épaule, avec des minauderies qu'elle croyait invincibles :

— Hortense, lui dit-il avec une passion infinie, laissez-moi seulement passer un instant dans le cabinet de votre mari.

— Peut-on rien te refuser ? fit-elle.

Et traîtreusement, abusivement, en mauvaise épouse, elle introduisit son amant dans le sanctuaire dont son maître et seigneur avait interdit l'entrée à qui que ce fût.

— Je reviendrai te chercher dans un instant, fit-elle encore et vais guetter par la fenêtre si Péterski ne rentre pas ou n'envoie quelqu'un.

II

Un tonneau, en effet; une façon de tonneau et, tout autour des boutons de cuivre... Et c'était tout : impossible de rien deviner des mécanismes intérieurs ! Aux deux bouts le tonneau était fermé, et l'une de ces cloisons portait une courte fourchette. Et Gambille tournait, virait, cherchait à entrevoir à travers les fentes. Impossible de sonder la futaille ! D'impatience, il bailla un coup de tête dans les planches qu'une fourchette surmontait. Pan! mystérieusement la cloison s'ouvrit, et rapidement, comme par l'effet d'un ressort. Deux tiges de fer le saisissaient en même temps sous les aisselles et l'entraînaient malgré lui, dans l'intérieur de la boîte qui se refermait sur ses talons, en le recroquevillant sur lui-même comme un pigeon à la crapaudine.

Il avait disparu déjà, ainsi englouti, quand madame Péterski lui vint dire tout bas :

— Sauvez-vous ! On vient chercher l'objet.

Elle regarda autour d'elle et, ne le voyant pas, pensa : Il aura entendu, lui-même, du bruit à la porte de la maison et aura pris, sans m'attendre, une utile poudre d'escampette.

Un instant après, quatre hommes qu'un envoyé sûr de M. Péterski commandait, enlevaient, avec des précautions énormes, le singulier baril et le chargeaient sur une voiture à bras.

Et tandis qu'ils s'en allaient, la pauvre femme

murmurait *in petto* : Mon Dieu, que l'amour de la science chez les hommes est une chose insupportable pour les femmes ! Cet Onésime est presque aussi féru d'invention que M. Péterski. Il est cependant quelque chose de plus doux au monde que de faire prospérer l'industrie nationale et de s'enrichir ainsi philanthropiquement. Toutes ces balivernes-là ne valent pas un bon baiser qu'on rend même avant de l'avoir pris, et ce sont choses auxquelles devraient se consacrer seulement les impuissants de nature ou les sexagénaires qui ne peuvent plus mieux employer leur temps !

Et vous savez que je suis bigrement de l'avis de cette vieille dame.

III

Ecoutez maintenant, s'il vous plaît, M. Péterski développant ses espérances financières aux imbéciles qui lui vont confier leur argent.

— Messieurs, est-il en train de leur dire, vous n'êtes pas sans avoir ouï parler d'une des plus heureuses idées de ce temps. L'habitude de manger les animaux, après leur mort seulement, était absolument répugnante et démodée. Il y a longtemps que l'huître avait protesté pour son compte personnel.

Le cochon entre dans la même voie héroïque. Un homme de génie ayant remarqué que les rats lui mangeaient son lard sur le dos, sans qu'il y trouvât à redire, à imaginé de le décharger, à notre profit, de cette graisse incommode et si utile dans les ménages. Tout le monde se préoccupe aujourd'hui de chercher des remèdes contre l'obésité. Nous pouvons affirmer que pour le porc, le problème est définitivement résolu. Appelant immédiatement la pratique au secours de la théorie, ce bienfaiteur de l'humanité a préconisé pour ce régime l'emploi de lardoires creuses qu'on plonge délicatement dans la peau du malade. Une manière de tour de vis, un coup de main à trouver et vous retirez vos lardoires pleines d'un savoureux et succulent produit, tandis que le cochon allégé et comme émoustillé par cette caresse intéressée, fait frétiller d'aise sa queue en tire-bouchon. On bouche soigneusement les trous que lui a faits cette petite virole chirurgicale pour que sa coquetterie naturelle n'ait pas à souffrir et on recommence tous les trois mois ce traitement facile à suivre en voyage, pour les charcutiers.

Aussi obtient-on, messieurs, un délicieux saindoux bien supérieur à tous les beurres qui font la gloire de la chimie moderne, exquis pour les pets-de-nonne particulièrement. Des physiologistes ont émis la crainte que cette ingestion de porc vivant n'amenât des modifications redoutables dans l'économie humaine, en rapprochant, de plus en plus, les goûts et les mœurs de nos contemporains de celles des pourceaux. Mais il suffit de regarder autour de soi pour s'assurer que cela est impossible.

— Et ces dames ne s'en plaignent pas! insinua un commanditaire qui avait le mot pour rire.

M. Péterski, qui n'aimait pas les mauvaises plaisanteries, allait le tancer vertement, quand l'entrée du fameux appareil annoncé fit une diversion heureuse à ce rapide accès de mauvaise humeur.

L'inventeur étendit un doigt prophétique vers le mystérieux baril.

IV

— Ceci tuera cela, fit-il, en prenant avec dégoût une lardoire mise exprès sur le tapis vert de la table. Le dégraissement du porc vivant exigeait aussi une main-d'œuvre considérable et une adresse de doigté difficile à acquérir. Car, si bon enfant que soit le porc, il n'entend pas qu'on le pique au delà des limites de son insensibilité. M'inspirant, messieurs, des mécanismes merveilleux des grandes charcuteries de Cincinnati où les porcs entrent par troupeaux dans des tunnels d'où ils sortent sous les espèces sacrées du jambon, de la hure et du boudin, j'ai inventé cet appareil nouveau dont l'exploitation ne saurait manquer de rapporter des bénéfices considérables. L'animal est introduit dans ce tube de bois qu'on élargit ou qu'on resserre suivant sa grosseur. Une fois qu'il y est bien installé, vous pesez du bout du doigt sur chacun de ces boutons de cuivre auquel correspond intérieurement une lardoire qui fait son œuvre. C'est un exercice excellent pour les personnes qui veulent jouer du piano et ça ne fait pas un bruit aussi incommode pour les voisins. Pan! Pan! Pan! Pan! Pan! Vous allez voir tout à l'heure. C'est à peine la rythmique chanson d'une machine à coudre. En un clin d'œil c'est fait. Le cochon sort soulagé de trente livres et sans s'être seulement aperçu de rien puisqu'il est dans l'obscurité. Nous quintuplons ainsi le rendement que comporte l'exploitation manuelle du lard sur pied.

Un murmure de satisfaction passa entre les barbes des gogos. En même temps le bois du tonneau craqua et un observateur attentif eût saisi une sorte de tressaillement.

De sa voix la plus insinuante, M. Péterski continua :

— Cette dissection superficielle n'était, dans l'esprit de son inventeur, qu'un délassement et un entr'acte à la vie un peu monotone que mènent les porcs dans leurs étables, l'occasion d'une sortie trimestrielle. Nous avons voulu faire mieux et que le découpage à l'emporte-pièce se transformât, pour eux, en une gastronomique distraction. Vous voyez bien cette courte fourchette au milieu d'une paroi qui est celle de l'entrée ? Je pique une truffe dedans.

Et M. Péterski, tirant de sa poche une truffe, fit ce qu'il avait annoncé.

— Maintenant, continua-t-il, je vais faire entrer le sujet et vous le verrez se précipiter sur ce mets délicieux avec une gloutonnerie qui est légendaire dans son espèce. De là un choc de son groin et quelquefois de son front contre la cloison qui s'ouvre mécaniquement de dehors en dedans, si bien que l'animal, immédiatement appréhendé par des crochets *ad hoc*, se trouve enfermé avant d'avoir même eu le temps d'avaler l'appât happé au passage. Le temps qu'il met à savourer la truffe et c'est fini, sans vaines révoltes contre l'emploi de la force, pour ainsi dire de son propre consentement et sans recourir à cette contrainte par corps qui répugnera toujours aux natures délicates.

M. Péterski fit un signe, le tonneau tressaillit de nouveau. Un jeune porc, très gracieusement enguirlandé de fleurs, fut introduit avec beaucoup d'égards, secoua d'abord ses oreilles roses avec étonnement, puis apercevant la truffe, prit son élan pour l'aller ravir... Mais il s'arrêta net avec un grognement de stupeur ; M. Péterski très pâle dut s'appuyer contre le mur et plusieurs commanditaires se trouvèrent mal, tandis que les autres se regardaient ahuris.

Du fond du tonneau une voix était sortie, lamentable, effroyablement dolente et désespérée, une voix où s'entendait l'écrasemement d'une âme et ces mots avaient été distinctement entendus :

— « Il y a quelqu'un ! »

HUMILITÉ

HUMILITÉ

I

Les grands souffles d'automne roulaient leur désolation par la forêt, ébranchant les feuillages jaunis et faisant tourbillonner, au pied des arbres, l'or dispersé des dernières frondaisons; une cascade de rocaille avait remplacé le moutonnement voluptueux des verdures; les bois morts craquaient sous les pas comme les ossements d'un cimetière profané. Des vapeurs de cuivre rayaient le ciel froid au couchant, et c'était une tristesse infinie de toutes les choses qui avaient été la joie du printemps et la gloire de l'été : lianes effritées pendant aux taillis fauves, lierres brûlés et collés encore à l'écorce mouillée des troncs, tout ce qui avait été l'enlacement d'une caresse ou la grâce fragile d'une fleur! Et les ruisseaux grossis se lamentaient entre les mousses submergées, et le silence des oiseaux, lui-même, avait une voix dont l'âme était profondément troublée.

Ruine entre ces ruines, hiver sous ce précoce hiver, la vieille loqueteuse marchait courbée en deux sur son haut bâton, comme ces fées qu'une fatalité méchante poursuit et qui n'attendent qu'un baiser des amoureux pour redevenir immortelles. La neige était venue à son front devant qu'elle eût mis leur manteau d'hermine aux montagnes. Et, tout en haillons, maigrie par les longues misères, elle s'en allait à petits pas sur la terre détrempée de pluie, hâtant quelquefois sa marche par soubresauts, comme si l'éperdu d'un rêve lui eût mis une piqûre au flanc.

Et celle-là qui cheminait ainsi, mélancolique dans cette mélancolie, avait été aussi joyeuse que le printemps disparu, aussi triomphante que l'été couronné d'or. Elle avait été la beauté sans prix qui se vend tout de même, la courtisane adulée, la ruine des adolescents et le caprice des vieillards, une fille recherchée des sots et redoutée des sages. Herminia, la charmante et cruelle Herminia, dont les doigts de marbre disparaissaient sous les diamants, dont les bras ployaient sous le poids des ors lourds de pierreries, dont les grands politiques avaient vendu la patrie pour baiser le bout du pied dans une mule de satin.

Que toutes ces splendeurs étaient lointaines ! Egalement ignorante de la chanson des cigales et de la prudence des fourmis, dans une existence sans poésie, elle avait jeté au vent le prix de ses hontes inconscientes, comme beaucoup de celles-là font, avides d'or et prodigues tout ensemble comme les rives d'un Pactole, dont le sable n'arrête au passage aucune étincelle de métal. Et voilà comment, hideuse après avoir été si belle, elle allait, dans ce paysage désolé, ramassant de ses mains recroquevillées comme des serres, un maigre fagot qu'attendait son solitaire foyer, une cabane au toit troué, aux murailles rongées de mousses malsaines.

II

Et, dans le même coin de forêt, séparé d'elle par une profondeur de sapins aux troncs parallèles, droits et serrés comme des tuyaux d'orgue (l'image n'est pas de moi mais du grand poète Pierre Dupont) le vidame Archange de Pétencœur promenait, lui aussi, une fière mauvaise humeur contre le destin. Parti depuis l'aube, son fusil sous le bras, son meilleur chien en quête, lui, le tireur sans reproche (comme les hommes seulement l'appelaient), lui le nemrod hirsute aux guêtres ensanglantées, lui qui avait promis un chevreuil, pour le moins, à la comtesse Ercoule, dont il était véhémentement amoureux et qui adorait la venaison, il n'avait pas même rencontré un lapereau sevré à peine et n'avait eu pour spectateur de ses tragiques façons que le merle dont le bec jaune l'avait sifflé avec une rare impertinence. Le vidame était réellement furieux, et le jour allait tomber bientôt et les souffles coupant comme des rasoirs allaient murmurer à son oreille, dans un frisson des feuillages secs : Br.. Br.. Br.. Br.. Br.. Br...edouille !

— Par les cornes de mon aïeul Bertrand !

Il dit et ce juron était le plus effroyable du monde dans sa bouche. L'aïeul Bertrand avait eu une chance extraordinaire et devenue proverbiale dans tout ce qu'il avait entrepris. D'aucuns attribuaient cette continuelle réussite à son état benoît de cocu, lequel était avéré et connu de tout le monde. Car dame Bertrand de Pétencœur avait eu, dit-on, des cuisses dont le marbre ne pesait pas plus que du liège, et son mari était de la vaillante phalange que mettent au premier rang les cerfs quand ils se ruent, en combat, tête baissée.

Mais ce cornard émérite donnait une tout autre version de sa destinée si fort accablée des bienfaits du sort. A l'entendre, après avoir été malchanceux horriblement depuis son enfance et le commencement de sa jeunesse, il avait commencé de réussir en tout, le jour où il avait aperçu, au soleil couchant, le derrière d'une vieille femme.

Et ce fait n'était pas unique dans l'histoire de cette glorieuse famille. Aux croisades, un Cucu de Pétencœur, accablé par un gros de Sarrazins, les avait vus fuir, en même temps que lui apparaissait une vision pareille, et c'était lui qui avait rapporté ensuite la plus belle gale de l'expédition. Plus haut encore dans la légende de cette antique race, un Gannelon de Pétencœur avait fait une fortune considérable en vendant une perruque à un de nos rois mérovingiens, et ça, après avoir subi inopinément un spectacle identique, au revers d'un chemin.

Et notre chasseur en détresse, reprenait avec plus de rage encore :

— Par les cornes de mon aïeul Bertrand !

III

— Ah !

Ce cri lui échappa tout à coup de la poitrine. Il avait entrevu, entre deux pins, distants seulement comme les colonnes d'un temple entre lesquelles circulent l'air et la vision des paysages, le fantôme que je vous ai présenté tout à l'heure, Herminia la vieille déchue et courbée sous son petit tas de bois mal lié. Et elle ne le voyait pas, absorbée qu'elle était dans la méditation douloureuse où passaient, tour à tour, les gloires mal gardées de sa jeunesse et l'affront trop tôt venu de l'âge misérable qui était le sien. Et, sa conscience se réveillant sous le fouet du malheur, une façon de remords la prenait du peu dont elle avait payé de réelles tendresses, cupide avec les jeunes gens qui lui donnaient pourtant le meilleur de leur âme et dont l'héritage seul la tentait. Et, comme elle se reprochait cette injustice : il lui semblait que Dieu la punissait sans doute, de n'avoir pas été plus intègre et dispensatrice plus consciencieuse de ses faveurs.

— Holà! la vieille! lui cria soudain une voix qui la fit tressaillir.

Et elle se trouva presque face à face avec le vidame Archange de Pétencœur qui, après avoir regardé l'horizon et s'être assuré que le soleil en descendait les dernières marches sur l'escalier rose des nuées, s'était avancé résolument vers elle.

Le gentilhomme fouillait nerveusement dans sa poche et en tirait une pièce de monnaie qu'il enfermait immédiatement sous ses doigts ramenés dans la paume de la main :

— Vieille! fit-il, c'est pour toi, si tu veux faire volte-face et relever ta jupe.

La belle Herminia n'avait pas contracté, dans l'exercice de son ancien sacerdoce, des habitudes de pudeur exagérées. Machinalement et comme si une espérance soudaine lui eût mis un éclair aux yeux, elle obéit.

— Fichtre! fit le vidame, et sans prolonger la contemplation plus longtemps que ne le commandait sa superstition, il détournait brusquement la tête, tandis que sa main laissait tomber le salaire promis dans la main déjà tendue de la vieille.

Un louis! c'était un louis! un superbe louis d'or. Un louis comme elle n'en avait plus vu depuis le temps des vies folles d'autrefois. Elle eut comme un éblouissement, le glissa fiévreusement dans sa poche crasseuse.

— Monseigneur! monseigneur! fit-elle.

Le vidame fit l'imprudence de se retourner en

s'entendant appeler. Il faillit tomber à la renverse en apercevant Herminia qui, de nouveau, avait retroussé sa cotte, tandis qu'une voix très humble lui disait en plein visage :

— Ah! monseigneur, vous n'en avez pas eu pour votre argent!

LA PART DU FEU

LA PART DU FEU

I

Comme j'étais assis devant mon plus beau massif de roses, recueilli devant la voluptueuse douleur de ces grands yeux de fleurs, où la matinale rosée a mis des larmes, et me demandant quelle belle confidence d'amour je vous ferais aujourd'hui, comme j'ai coutume, depuis sept ans déjà, le mardi de chaque semaine, une voix d'en haut me parla fort distinctement et me dit : — Il est temps d'en finir avec les mélancoliques fantaisies et les coins de ciel entrevus dans quelque méditation pleine d'étoiles. Le temps est au rire et le lecteur aussi. C'est de bons contes gaulois que celui-ci demande et rien ne remplace, pour lui, ce retour aux saines gaietés d'antan, qui font tressaillir un peu du sang des aïeux dans nos veines. Les tristesses sont partout aujourd'hui, et ce n'est même pas la peine de se baisser pour en prendre. Chasse-les, du moins, de tes récits, et sois infiniment joyeux, comme si le doux Rabelais tenait encore ses assises dans les hôtelleries de Chinon. Les cocus ne sont pas près de manquer à tes histoires et la bêtise humaine est un thème éternel à aventures vraisemblables...

— C'est vrai, pensai-je. Et je résolus d'écouter la voix d'en haut, comme Jeanne d'Arc, ce qui me donne, au moins, une ressemblance avec elle. Et, quittant mon plus beau massif de roses d'où les perles s'égrenaient des calices sur les feuilles vertes, un souffle léger ayant traversé mon jardin, je m'assis à ma table pour y composer vaillamment quelque conte nouveau, comme tous ceux que je conte, n'ayant pas coutume d'emprunter, même aux plus riches que moi, non plus qu'à moi-même qui ne me rendrais jamais.

— Sapristi ! fit mon ami Jacques, qui était avant moi dans ma bibliothèque, en jetant un livre par terre avec dépit. Et il ajouta :

— Que ces dictionnaires sont bêtes !

— A quel propos, monsieur ?

— J'y cherchais un commentaire de cette expression familière : « Faire la part du feu. » Et voilà tout ce que j'ai trouvé : « Abandonner à la flamme une partie d'un bâtiment incendié qu'elle n'a pas encore atteint, pour sauver le reste. »

— Eh bien! lui répondis-je, je trouve cela exact et parfait.

— Pas moi. Et ces mots me semblent susceptibles d'un tout autre sens, bien autrement subtil, celui-là : « Faire la part du feu » c'est-à-dire : excuser une action fâcheuse parce que c'est la crainte d'un grand danger qui l'a fait commettre. Car quelqu'un en péril d'être brûlé est certainement capable de tout. Et je sais deux histoires d'un goût très différent qui montrent à quel point cette interprétation serait raisonnable.

— Deux histoires pour une que je cherchais! Ami Jacques, conte pour moi!

Et c'est à Jacques que je passai ma plume et c'est lui que vous lisez.

II

La première est une aventure d'amour.

Durant que M. le bourgmestre Van de Patapoum prenait des chopes à la taverne du Cœur-Flambant et faisait une partie de dominos avec ses amis Van de Putt et Hostequette, madame la bourgmestresse folâtrait, sous son propre toit, avec le major Boniface, que son mari avait l'imprudence de loger chez lui, en qualité de camarade d'enfance. Et tous deux, madame de Van de Patapoum et le major, s'ébattaient dans le lit de ce dernier, et très voluptueusement, je vous le jure. Car c'était une plaisante dame que celle-là, aimant à rire de tout et de partout, grassouillette, avenante, habile aux jeux de l'adultère, blanche et blonde comme un Rubens, calme comme une chatte, la maîtresse que je souhaite, en un mot, à qui je veux quelque bien. Et le brave officier était, en temps de paix, un foudre de guerre. J'entends qu'il n'avait pas besoin d'ennemis devant lui pour monter à l'assaut et que sa belliqueuse humeur ne connaissait aucun obstacle. C'était le Napoléon des alcôves et l'heure de son Waterloo était encore lointaine. Depuis que son drapeau flottait sur le front de son ami Van de Patapoum, il vous chantait chaque jour quatre ou cinq *Te Deum*, sans compter les menues actions de grâces qui sont comme les petits offices de la grande religion d'amour et que les sots seuls méprisent. Or, en étaient-ils précisément au plus bel endroit de ces vêpres quotidiennes, quand un bruit se fit à la porte. Et madame la bourgmestresse poussa le cri traditionnel :

— C'est mon mari !

C'était bien invraisemblable. M. Van de Patapoum ne rentrait jamais à cette heure-là. Il fallait que son compagnon Hostequette lui eût donné quelque soufflet, ou son compagnon Van de Putt gagné tout son argent. Et cependant, c'était bien lui. Lui seul avait la clef à cette heure, et son pas lourd sonnait déjà dans l'escalier.

Impossible à la pauvre femme de regagner sa chambre. Il aurait fallu traverser un corridor dans lequel elle eût pu se trouver, et chacun, — comme elle était, — face à face avec son mari. Folle de terreur, elle se plongea plus avant encore dans le lit de son amant, ramenant les draps au-dessus de sa belle tête échevelée. Durant ce temps, le major, qui avait l'habitude de ces choses et qui était, d'ailleurs, fort avisé naturellement, ouvrait rapidement la fenêtre et gagnait le toit voisin, par un balcon, puis se mettait à hurler à tue-tête :

— Au feu ! au feu !

— Ce Boniface ! quel génie en tout ! pensait rapidement l'épouse coupable.

Et, de fait, cela arrangea toutes choses le plus simplement du monde. En entendant ce cri : « Au feu ! au feu ! » Van de Patapoum enjamba les dernières marches et courut à la chambre de sa femme, qui était aussi la sienne. Tout bon mari en eût fait autant. Bien entendu, trouva-t-il la chambre vide et le lit grand ouvert. Alors, fou d'inquiétude, il se précipita dans la chambre de Boniface, qui, sans doute, savait quelque chose, et qu'il fallait d'ailleurs aussi sauver. Il eut, à vrai dire, un petit sursaut intérieur désagréable à y trouver sa femme, dans un déshabillé complet, au beau milieu du lit chaud encore de son ami de jeunesse. Mais Mme Van de Patapoum, le serrant dans ses bras, lui eut ôté bientôt toute raison de fâcherie. En se réveillant, au milieu d'un cauchemar, elle avait cru voir une grande lueur dans leur chambre et avait pensé que le feu y avait pris. Elle s'était aussitôt enfuie du lit, en criant, et Boniface, partageant sa terreur à l'entendre ainsi affolée, avait sauté sur le toit pour appeler du secours. Tenez ! Tenez ! il criait encore ! Elle, elle s'était couchée là où elle avait pu, sans savoir, partout où elle pouvait enfouir sa tête sous des toiles. Comment elle se trouvait justement dans le lit de Boniface, elle n'en savait rien elle-même. Faut-il demander des raisonnements et des pudeurs à une femme qui va être brûlée vive?... Le bon Van de Patapoum ne fut pas de cet avis.

— Mais enfin, ce feu? demanda-t-il cependant.

— Je vous ai déjà dit, mon ami, que c'était un cauchemar.

Par précaution, le bourgmestre fut s'assurer que rien n'avait justifié cette terreur, puis il rappela lui-même bienveillamment Boniface, qui avait ameuté déjà la moitié de la rue devant la maison. Van de Patapoum dut faire une harangue à ce peuple et le remercier, en le rassurant, de l'empressement qu'il avait mis à venir voir brûler sa demeure. Puis, tous trois s'amusèrent indéfiniment de cet accident.

Et aucun mauvais soupçon ne lui resta de cette aventure. Pourquoi? Parce que, tout simplement, il avait fait ce qui s'appelle : La part du Feu!

III

« Mon autre récit n'est pas aussi parfaitement congru; et, tout d'abord, il convient que je m'en excuse. C'est cependant aussi par une histoire d'amour qu'il commence, et d'amour honnête, s'il vous plaît : j'entends devant aboutir à cette situation du divorce qu'on appelle le mariage (cinq minutes, cinq mois ou cinq ans d'arrêt, suivant le tempérament des voyageurs). Donc, c'était pour le bon motif (alors, les autres sont diablement mauvais) que le futur notaire Hilaire Nichon faisait sa cour à Mlle Angélique Pertuis, qui était bien la plus gracieuse personne du monde, mais aussi une incorrigible mijaurée. Je veux dire qu'elle professait pour les convenances un culte confinant à l'idolâtrie, et que le moindre signe d'éducation douteuse la faisait tomber dans des attaques de nerfs. C'était donc un des plus graves soucis d'Hilaire Nichon, qui en était follement amoureux, de ne manquer, devant elle, à aucune des lois de la bonne tenue, voire de l'étiquette, ce qui ne lui était pas toujours aisé : car c'était un bon garçon, très rond, mais disposé, par tempérament, à un certain laisser-aller. Ce qu'il fallait qu'il s'observât!

Dans de pareilles circonstances, un homme prudent ne mange pas de farineux à son déjeuner, s'il doit dîner avec sa bonne amie. Ouvrez dix ordonnances de médecin aujourd'hui, neuf défendront rigoureusement les farineux. C'est une guerre à mort que la Faculté fait aux haricots innocents. Et l'on s'étonne que la gaieté française ne soit plus qu'un vain mot! Ce pauvre Nichon avait le grand tort de se moquer absolument de ces hygiènes raffinées, et, quand il allait à Soissons, ce n'était pas pour y casser des vases sur la tête des soldats, mais bien pour y faire une belle provision de ces tant savoureuses cartouches végétales qui font parler la poudre, même chez les muets.

Le voici donc, chargé comme un obus, au grand dîner que ses futurs beaux-parents offrent pour la cérémonie des fiançailles. Mlle Angélique, après bien des hésitations, a permis qu'il fût auprès d'elle. On apporta un potage fumant, et crac! à peine servi, Hilaire Nichon, à qui l'amour, — comme à tous les vrais braves gens, — donnait un grand appétit, en engloutit une pleine cuiller sans avoir eu le soin de souffler préalablement dessus. Une vraie cuiller d'huile bouillante. Le saisissement et la douleur sont tels que le malheureux s'entr'ouvre déplorablement à l'opposé de la bouche et pousse, dans le silence général, un grand éclat de son tonnerre naturel.

Indescriptible émoi! Tout le monde se lève. Mlle Angélique va se trouver mal. Mais Hilaire Nichon était du Midi. J'entends qu'il n'allait pas au devant du péril, mais le conjurait, à l'occasion, par son aplomb.

— Parbleu! fit-il le plus naturellement du monde, il a bien fait de partir! Il s'allait brûler comme moi!

Et tant de présence d'esprit dans la répartie le sauva, même dans l'esprit de Mlle Angélique, qui l'épousa tout de même. Elle aussi avait fait la « part du feu »!

ILLUSIONS

ILLUSIONS

I

— Quelle admirable page d'amour! fit la commandante en laissant tomber son binocle et en refermant son livre. Car notre bonne dame Laripète est bien près d'être une aimable quinquagénaire aujourd'hui et c'est une très poétique personne, sur son retour, mais dont les beaux yeux ont un vague besoin de conserves.

Le commandant ramassa le volume de Shakespeare qui avait glissé le long des jupes de sa femme, le rouvrit, à l'endroit où elle avait corné la page (ce n'était pas tout ce qu'elle avait corné dans sa vie!), lut quelques lignes et murmura irrévérencieusement :

— Tout ça, c'est des bêtises !

Madame Laripète bondit, et serrant nerveusement les poings :

— Animal! fit-elle. Être sans idéal! Ah! vous serez bien toujours le même! Des bêtises! Cette merveilleuse scène des adieux de Juliette et de Roméo! Le chant de l'alouette! Le jour à la fenêtre... tout ce qu'il y a de sublime au monde et de touchant! Ah! vous devriez mourir de honte.

— L'apoplexie lui suffira! interrompit le toujours gracieux Le Kelpudubec.

— Ah! tenez! vous me faites rire! reprit l'imperturbable commandant, avec votre chant de l'alouette et votre jour à la fenêtre! Mais tout cela m'est arrivé, mes enfants! Mais j'ai eu, dans ma vie, une aventure pareille !

— Vous, Roméo! fit la commandante en haussant les épaules.

La mâchoire de l'amiral claqua comme un bec de pélican. Ce qui était, chez lui, le signe suprême de l'ironie.

— Oui, monsieur! Oui, madame! moi Roméo, et même probablement en mieux. Le chant de l'alouette, le jour à la fenêtre. Et c'était simple comme bonjour. J'en ai été quitte pour ma dégradation de fourrier et je vais vous conter ça. Et vous verrez que vos grands dramaturges n'inventent rien, et que tous vos poètes sont des faiseurs d'embarras qui grossissent les événements les plus simples et font des affaires d'état avec de simples misères, auxquelles les mortels ordinaires font à peine attention.

Et, sous les flèches inutiles de deux regards absolument moqueurs, notre vieil ami continua comme je vais vous dire :

II

— J'avais manqué mon examen de Saint-Cyr et j'avais dû m'engager pour avoir le droit de me représenter, comme l'avaient institué les règlements d'alors. Grâce à ma bonne conduite, j'avais vu bientôt s'épanouir, sur ma manche, le galon de fourrier. Mais je n'étais pas seulement un des plus instruits de mon bataillon, j'en étais, de l'aveu de tous, le plus joli homme.

— Ne me parlez pas des beaux enfants ! murmura la commandante.

— J'étais fort aimé en ce temps-là, et vous me le pardonnerez certainement, ma chère, par la délicieuse épouse d'un petit fermier, et je ne vous cacherai pas davantage qu'elle s'appelait Aurélie. Nous tenions alors garnison à Châteauroux, et c'était une de ces belles Berrichonnes aux chevelures profondes et noires, aux reliefs dodus, au sourire encourageant dont je ne laisserai jamais échapper l'occasion de faire l'éloge. Le mari de celle-ci était un imbécile qui, la veille des jours de marché, ne couchait pas à la maison pour se mieux occuper, et de plus grand matin, de ses affaires. C'est ainsi que j'avais quelquefois l'occasion de passer une partie de la nuit avec elle, aidé par un camarade dévoué qui me sauvait pour l'appel du soir et m'aidait à réintégrer la caserne avant l'appel du matin. Ce sont petits services qui se rendent entre troupiers pour la meilleure sauvegarde de l'honneur des familles.

— Vieux paltoquet! fit dans sa cravate Le Kelpudubec.

— Mais il ne s'agissait pas de laisser venir l'aube pour se lever. Car le colonel était un homme sévère et je jouais mon grade chaque fois que je succombais à cette tentation. Tel Antoine compromit gravement sa situation pour Cléopâtre. Vous voyez, madame, que je ne suis pas si fort sans littérature que vous le voudriez bien insinuer. Je subissais, comme tant d'autres guerriers illustres, cette fatalité de l'amour qui nous vend quelquefois un baiser, voire un sourire, au prix de la gloire et de l'honneur. Mais je ne vous reproche rien, Aurélie. Sans vous, peut-être, je fusse devenu général au lieu d'être retraité simple commandant par un ministre stupide.

Et le commandant soupira, une fois de plus, sur sa carrière trop tôt brisée. Puis il reprit :

III

— Aurélie m'attendait donc ce soir-là, son mari étant parti pour vendre à Issoudun des moutons. Car, vous savez qu'en dehors des Berrichonnes, ce coin merveilleux de France produit d'admirables gigots, et les plus fins du monde, au dire des vrais gourmets. Moi j'avais tout sagement réglé pour mon escapade coutumière, et j'arrivai à l'heure dite, inaugurant pour la circonstance une magnifique culotte rouge que m'avait décernée, le matin même, le capitaine d'habillement.

— Comme elle vous va bien, mon trésor !

Tels furent les premiers mots que me dit ma bien-aimée.

Puis, comme elle était exquise ménagère, elle me montra sur un amas de sarments, dans la haute cheminée, avec des copeaux dessous, desquels il ne restait plus qu'à approcher une allumette, la poêle familiale posée sur le trépied de fer, avec un excellent pain de saindoux velouté dedans. Et, plus loin, sur un coin de table, des rondelles de pommes, tous les apprêts, en un mot, d'une magnifique friture de beignets. Car elle savait mon goût pour les balivernes culinaires.

— Que tu es bonne! murmurai-je en lui baisant la main.

— Gros matériel! interrompit la commandante.

— Là! Comme vous tombez juste, madame! Juste au moment où je vous vais conter comment et à quel point l'amour et l'idéale tendresse avaient éteint mes autres appétits ! Car vous m'avez toujours mal jugé et je me tiens pour un des hommes en qui la matière domine le moins les nobles curiosités de l'esprit et les aspirations élevées du cœur. Je le prouvai bien en cette occasion. Car, après ce remerciement courtois et passionné : — Mais, ma chère âme, continuai-je, ce n'est pas de pets-de-nonnes que j'ai faim, et c'est à tes baisers que mes lèvres veulent courir sans s'attarder, un instant, à ces divines friandises ! Foin des nourritures les plus sucrées quand l'appel divin des âmes a retenti ! Laissons ces babioles gastronomiques et ruons-nous, sans attendre, aux voluptés brûlantes qui nous attendent sur la couche parfumée !... Vous voyez qu'il n'y a pas que votre Sakespeare qui sache parler d'amour ! Elle m'écoutait avec ravissement et moi, pour lui mieux prouver l'impatience de mes rêves, tout en la contemplant avec ivresse, je me débarrassais de mon pantalon et l'installais soigneusement sur une chaise, comme doit faire tout troupier qui ne perd pas un seul instant le respect sacré de l'uniforme. Après quoi, la tenant dans mes bras comme un enfant, et la mangeant de caresses, je l'emportais demi-pâmée déjà dans la chambre voisine qui était la sienne et...

— Veuillez passer quelques détails, fit sévèrement la commandante. Vous n'avez rien à m'apprendre sur vos façons.

— Vous n'avez jamais pu me juger à vingt ans, répliqua Laripète avec une pointe de mauvaise humeur. Mais, comme il était de si débonnaire nature que ses impatiences s'en allaient bien vite en fumée, il reprit sur le même ton enjoué :

IV

— Je montrerai donc ma modestie en passant sous silence des détails qui eussent fait la gloire d'un vaniteux. Je ne conterai pas...
— Oh! non! pas sur vos doigts, mon ami! Ce serait du plus mauvais goût. Et puis, je vous dis : Je sais votre compte.
— *Numero Deus impare gaudet*, ricana l'amiral. Traduisons : Le numéro Deux se réjouit d'être impair, et ajoutons : Surtout quand il est égal à un.

Le commandant avait le mépris de ces plaisanteries sans finesse. Il continua :
— Nous goûtions un sommeil bien gagné, je vous le jure, quand, me réveillant soudain : — N'entendez-vous pas déjà gazouiller les petits oiseaux? demandai-je à la bien-aimée. Car j'avais ouï fort distinctement un bruit fait de mille petits bruits comme celui que font les moineaux en s'éveillant dans les arbres, sous la première caresse de l'aurore. — Vous êtes fou, Onésime, soupira Aurélie. Et pourtant ce crépitement particulier continuait toujours. Je me levai, je soulevai les rideaux. Il faisait nuit sombre. Je regagnai notre couche meurtrie par l'adultère et la lassitude ferma une fois encore, mes yeux. Mais ils se rouvrirent bientôt. Une clarté certaine glissait jusque dans la chambre et faisait une raie de lu-

mière sous la porte : — Le jour ? il fait grand jour ! Je suis flambé ! m'écriai-je. — Onésime, vous radotez ! reprit Aurélie... Mais j'étais bien sûr de ne pas radoter... Je courus de nouveau à la croisée ; une seconde fois, je soulevai les rideaux. Toujours nuit noire au dehors !

Vous avez vu : absolument la conversation de Roméo et de Juliette dont vous me rebattez les oreilles. J'appris le lendemain, quand l'aube fut vraiment venue, ce qu'avait été cette chanson de l'alouette matinale et le lever du jour à l'horizon ! En pénétrant dans la pièce où j'avais laissé mes vêtements, je ne trouvai plus que la boucle de mon pantalon que les flammes avaient dévoré. Dans la poêle le saindoux fondu fumait encore ; quelques sarments non entièrement consumés étaient encore piqués d'étincelles de braise. Imbécile ! je me rappelai que j'avais jeté ma cigarette en entrant. Elle avait allumé le feu préparé d'avance sans que nous nous en fussions aperçus dans notre rapide départ.. Le bruit des moineaux dans les arbres ? crépitement de la friture en ébullition ? Clarté naissante de l'aurore sous la porte ? l'incendie de ma pauvre culotte ! Ça n'était pas plus malin que ça. Je dus rentrer en bannière à la caserne et fus traduit devant le conseil de guerre pour vente d'effets d'équipement. On me dégrada et ce fut une mauvaise note qui me suivit dans toute ma carrière. Oui, mes enfants, voilà comment je fus Roméo et Aurélie Juliette. Toutes vos tragédies ne sont, au fond, que de bourgeoises aventures comme celle-là.

TABLE DES MATIÈRES

La Bécasse	1
Commentaire	11
Autre commentaire	23
L'horloge	33
La gifle	45
Les excuses	55
Hypnotisme	69
Bernade	81
Colette	91
Gardas	99
Quiproquo	111
Mercédès	123
Le mystère	133
Susceptibilité	143
L'ambitieux	153
Le collodion	165
Causerie scientifique	175
Maraude	187
Eh ! Landry !	197
Madame Thomas	207
Tout est bien	219
La loi	229
Écho balnéaire	239
La Derbouca	249

TABLE DES MATIÈRES

Candeur 261
Le Bon Génie. 273
L'inattendu 285
Humilité. 297
La part du feu 307
Illusions 317

ÉMILE COLIN — IMPRIMERIE DE LAGNY

www.ingramcontent.com/pod-product-compliance
Lightning Source LLC
Chambersburg PA
CBHW060656170426
43199CB00012B/1825